Una Carta de Tu Hijo:

Lo Que Tu Hijo Quisiera Decirte

Deja de gritar, conéctate con tu hijo y cría niños felices y seguros emocionalmente.

Con páginas de trabajo para padres

CARRIE KHANG

© **Copyright Carrie Khang 2024 - Todos los derechos reservados.**

El contenido de este libro no puede ser reproducido, duplicado o transmitido sin el permiso directo por escrito otorgado por el autor o el editor.

Bajo ninguna circunstancia se hará responsable al editor o al autor de daños, reparaciones o pérdidas monetarias debidas a la información contenida en este libro, ya sea directa o indirectamente. Tú eres responsable de tus propias elecciones, acciones y resultados.

Aviso legal:

Este libro está protegido por derechos de autor. Este libro es solo para uso personal. No se puede modificar, distribuir, vender, utilizar, citar o parafrasear ninguna parte, ni el contenido de este libro, sin la autorización del autor o del editor.

Aviso de exención de responsabilidad:

Tenga en cuenta que la información contenida en este documento es solo para fines educativos y de entretenimiento. Se ha hecho todo lo posible para presentar información precisa, actualizada, fiable y completa. No se declaran ni implican garantías de ningún tipo. Los lectores reconocen que el autor no está prestando asesoramiento legal, financiero, médico o profesional. El contenido de este libro se ha obtenido de diversas fuentes. Consulte a un profesional autorizado antes de intentar cualquier técnica descrita en este libro.

Al leer este documento, el lector acepta que bajo ninguna circunstancia el autor es responsable de las pérdidas, directas o indirectas, en las que se incurra como resultado del uso de la información contenida en este documento, incluyendo, pero no limitándose a, errores, omisiones o inexactitudes.

Antes de comenzar,
¡recibe tu REGALO GRATIS!

¿Las mañanas en tu casa a veces empiezan con prisas, repeticiones y, al final... gritos?

No estás sola. Muchas madres y padres cariñosos pierden la paciencia durante el corre corre de la mañana.

Descarga gratis mi guía "Cómo dejar de gritar por las mañanas" y descubre 6 pasos sencillos para crear mañanas más tranquilas para toda tu familia.

Descubre más en:
https://carriekhang.com

Otros libros de Carrie Khang:

Índice

Introducción 9

    Capítulo 1: Ámame por mí 13

    Capítulo 2: Mírame Con Amor, Por Favor 21

    Capítulo 3: Escúchame Con El Corazón 31

    Capítulo 4: No Me Regañes En Público 41

    Capítulo 5: Ayúdame A Entender Mis Sentimientos 52

    Capítulo 6: Tu Disculpa Es Importante Para Mí 65

    Capítulo 7: Enséñame Gentilmente 75

    Capítulo 8: Zona Libre De Gritos 86

    Capítulo 9: Quita las etiquetas 98

    Capítulo 10: Ayúdame A Seguir Las Reglas 107

    Capítulo 11: ¡Déjame Hacerlo a Mí! 117

    Capítulo 12: Las Promesas Importan 128

    Capítulo 13: ¡Juguemos! 138

    Capítulo 14: Consecuencias Justas 152

    Capítulo 15: Problemas Con El Tiempo De Pantalla 162

Reflexión 175

Conclusión 177

Recursos 180

INTRODUCCIÓN

"Para estar en los recuerdos de tus hijos mañana, tienes que estar en sus vidas hoy." — Barbara Johnson

¡Hola, compañeros padres!

Seamos realistas por un momento. ¿Ser padres? Es una aventura sin fin. Un minuto estás maravillado con la personita que has traído al mundo y al siguiente, estás intentando descubrir cómo quitar las marcas de crayón de los cojines del sofá. Todos queremos criar seres humanos increíbles, pero en el caos de la vida diaria—hacer malabarismos con el trabajo, mantener la paz y tal vez encontrar un momento para nosotros mismos—es fácil perder de vista las cosas que realmente importan.

Piensa en este libro como una llamada de atención de esos pequeños a los que nos esforzamos tanto por guiar. No se trata de los desastres, los recitales perdidos o las batallas a la hora de dormir. Se trata del corazón y el alma de la paternidad—conectar con nuestros hijos a un nivel que va mucho más allá de la superficie.

A lo largo de este libro, encontrarás 15 mensajes sinceros de tu hijo. Son reales—los momentos cotidianos que pueden parecer pequeños, pero que son enormes para tu pequeño. A medida que leas, recordarás las veces que tu hijo probó algo nuevo y miró hacia arriba para ver si estabas mirando, los momentos en que se equivocaron y necesitaban saber que estaba bien, y esas conversaciones tranquilas que les aseguraron que estás a su lado, pase lo que pase.

Cada capítulo va acompañado de hojas de trabajo de *Tiempo de Calma* diseñadas para ayudarte a aprender más sobre ti y tu hijo. Al reflexionar sobre tu propia infancia y relacionarla con tus métodos actuales de crianza, te convertirás en el padre que quieres ser—y en el padre que tu hijo necesita que seas. Así que asegúrate de reservar tiempo para completar las hojas de trabajo.

Amar a nuestros hijos incondicionalmente significa celebrar sus destellos únicos. Puede que tu hijo no sea el próximo Mozart o un atleta estrella, y eso está perfectamente bien. Puede que sea el que se pase horas perdido en un libro, el que invente los mejores juegos caseros en un día lluvioso o el que tenga la empatía de un santo. Cada niño brilla a su manera y en su propio tiempo. ¿Nuestro trabajo? Estar ahí con un corazón paciente y los brazos abiertos, listos para animarlo cuando llegue su momento, sea cual sea.

La cuestión es la siguiente: tomarnos las cosas como algo personal o esperar que nuestros hijos vean el mundo desde nuestro punto de vista adulto es una receta segura para la frustración. Recuerda, nosotros somos los adultos. Tenemos una visión más amplia, pero ellos están empezando a conocer esta cosa llamada vida. Su mundo es cercano e inmediato, lleno de maravillas que hemos olvidado apreciar. Juzgar sus acciones a través de nuestra lente adulta no solo está fuera de lugar; sino que no es justo.

Los niños crecen mejor bajo el sol de nuestra atención y la lluvia de nuestro amor—incondicional, inquebrantable y comprensivo. Se trata de ponerse a su altura, literal y figuradamente, y ver el mundo como ellos lo ven. Se trata de aceptar su curiosidad, su energía sin límites—e incluso sus rabietas (¡sí!)—como parte del viaje.

Así que, mientras lees Una Carta de Tu Hijo, deja que te recuerde esas pequeñas cosas—como que un abrazo puede arreglar un mal día, que escuchar un cuento de dragones puede ser la mejor parte de la noche o que pedir perdón cuando metes la pata puede enseñar más sobre el respeto y el amor que cualquier sermón.

Prometamos llenar nuestros días con más paciencia, más comprensión y más disposición para dejar que nuestros hijos nos guíen a veces. Porque cuando los amamos por lo que son, no por lo que creemos que deberían ser, no solo estamos criando niños; estamos educando a futuros adultos que conocen el amor, el respeto y la empatía de primera mano.

Brindemos por el viaje, el desorden y la magia de la paternidad. Hagámoslo juntos, con amor.

CAPÍTULO 1

ÁMAME POR MÍ

"Cada niño es una flor diferente, y todos juntos hacen de este mundo un hermoso jardín." —Anónimo

No soy Brendon, el niño de al lado, ni Jacob, que nada súper rápido. ¡Soy yo! Me encanta hacer caras chistosas, preguntar un millón de veces por qué el cielo es azul y bailar como si nadie me viera. Cuando me amas tal como soy, siento que puedo tocar las estrellas.

Tu hijo es único, ¡y eso es algo que vale la pena celebrar! En este capítulo, exploraremos la belleza de su individualidad y los peligros de compararlo con los demás. Cuando te tomes el tiempo para comprender y nutrir la singularidad de tu pequeño, verás florecer su autoestima y felicidad.

Las comparaciones hacen daño

Piensa en la última vez que comparaste a tu hijo con niño. ¿Lo hiciste para motivarlo? Quizás estabas tratando de asegurarte de que está alcanzando sus metas. Sea cual sea la razón, ponte en su lugar por un momento. Imagínate que tu hijo te dice cosas como: "*La mamá de Jason no tiene sobrepeso*" o "*El papá de Milo es buenísimo en el béisbol*". ¿Ya te sientes inseguro? ¡Tu hijo se siente igual! Las comparaciones pueden hacerle sentir que no es lo suficientemente bueno, lo que conduce a una baja autoestima, una inseguridad constante y una competencia malsana.

Impacto en la autoestima

Cuando los niños son comparados constantemente con otros, empiezan a creer que no son lo suficientemente buenos. Esa comparación siembra la semilla de la duda y puede afectar gravemente su autoestima, haciéndolos sentir que nunca serán lo bastante buenos. Esto incluso puede hacer que pierdan la motivación por esforzarse. Si le preguntas a tu pequeño con frecuencia: «*¿Por qué no puedes ser más como tu hermana? Siempre saca excelentes notas*» puede que empiece a preguntarse: «*¿De qué sirve esforzarme al máximo en la escuela si no soy lo suficientemente inteligente para sacar buenas notas de todos modos?*».

- Bajo presión

Cada niño es diferente. Esperar que sean como otra persona es una expectativa poco realista que puede causar estrés, ansiedad y miedo. Forzar a tu hijo a competir con otros contra su voluntad puede hacer que sienta que tiene que esforzarse para ganarse tu aprobación. Esto puede hacer que se vuelva demasiado cauteloso y menos dispuesto a correr riesgos, perjudicando su crecimiento y desarrollo personal.

- Relaciones tensas

Las comparaciones pueden dañar las relaciones. Un niño que siente que se le compara constantemente con un hermano o un compañero puede empezar a resentirse con esa persona y con el padre que hace la comparación. Esto es una receta para el desastre para toda la dinámica familiar y puede conducir a los celos, a la ruptura de la confianza y a la falta de comunicación.

 ## La Historia De Emily Y Sam

Emily, madre de dos niños, solía comparar a su hijo menor, Sam, con su hermano mayor, Jake. Sam disfrutaba leer y era un niño muy talentoso para el arte, mientras que Jake destacaba en los deportes. Emily, que había sido atleta, a menudo le suplicaba a Sam que siguiera los pasos de Jake. Esto hacía que Sam se sintiera inadecuado, como si sus talentos no valieran nada. Al final, Sam le confesó a Emily que sentía que siempre estaba a la sombra de Jake. «*Mamá, parece que no te importan en absoluto las cosas en las que soy bueno*», dijo Sam con dolor en la voz. «*Lo único que importa son los deportes de Jake, así que ¿por qué debería intentarlo siquiera?*». Emily se sintió avergonzada. Ni siquiera había pensado en cómo sus comparaciones estaban haciendo daño a Sam. Sabía que tenía que cambiar.

Sin saber cómo animar a Sam, Emily se encontró sumida en una profunda reflexión. Se dio cuenta de que, al igual que las rosas de un mismo arbusto, sus dos hijos eran hermosos y únicos en sus formas especiales. Emily decidió empezar a centrarse en cultivar los dones únicos de cada uno de sus hijos en lugar de compararlos. Buscó en libros e Internet formas saludables de apoyar a su hijo menor.

Reconociendo el talento de Sam para el dibujo, Emily le preparó un pequeño rincón de arte y exhibió con orgullo sus obras de arte por toda la casa. Exploró la habilidad de Sam para contar historias y le animó a compartir sus cuentos con la familia. Mientras daba estos pasos, también animó a Jake a reconocer los esfuerzos de Sam. Al principio, Sam dudaba, pero Emily insistió. Observó cómo su confianza crecía cada día con elogios y apoyo constantes.

Una noche, Sam presentó con orgullo un libro de cuentos que había creado, y toda la familia aplaudió. Al ver que Jake apreciaba realmente su trabajo, el rostro de Sam se iluminó de orgullo. Su autoestima se disparó, y el cambio acercó a los hermanos, ayudándoles a apreciar las fortalezas únicas del otro.

Tiempo De Calma

Reflexionando sobre el pasado y el presente

1. ¿Te comparaban tus padres con tus hermanos o amigos cuando eras más joven? ¿Qué solían comparar?

   ¿Cómo te sentías en ese momento? (Escribe libremente tus pensamientos).

2. ¿Cómo afectaron esas comparaciones de tus padres a tu relación con ellos? ¿Creó distancia o te acercó de alguna manera?

3. ¿Alguna vez te has sorprendido comparando a tu hijo con otros? ¿Con quién lo comparaste y por qué? ¿Cómo reaccionó tu hijo después?

4. ¿Recuerdas cómo te hacían sentir las comparaciones de tus padres? Ahora piensa en cómo las comparaciones que haces podrían afectar a tu hijo. ¿Has visto algún cambio en su comportamiento o confianza debido a ello?

5. ¿Hubo alguna rivalidad entre hermanos en tu hogar cuando eras pequeño? ¿Cómo afectó a tu relación con tus hermanos y cómo lo manejas ahora con tus hijos?

6. Cuando tus padres te comparaban con los demás, ¿hubo algún comentario o acción que te marcara más? ¿Cómo ha influido en tu forma de ser padre hoy en día?

Explorando los rasgos únicos de tu hijo

1. ¿Cuáles son las cinco cosas que hacen que tu hijo sea especial o diferente de los demás niños?

2. ¿Recuerdas algún momento reciente en el que la singularidad de tu hijo realmente brillara?

3. ¿Qué actividad familiar podrías empezar que permita a cada niño mostrar su propia personalidad o habilidades?

4. ¿Cómo muestra tu hijo su creatividad o su forma única de pensar?

5. ¿Cómo puedes ayudar a tu hijo a desarrollar sus talentos e intereses únicos?

Celebrando la individualidad

1. ¿Cómo puedes celebrar lo que hace que tu hijo sea único?

2. ¿Qué puedes hacer para demostrarle a tu hijo que lo aprecias tal como es? ¿Podría ser elogiarlo más, pasar tiempo de calidad con él o algo por el estilo?

3. ¿Hay alguna tradición familiar o nuevas actividades que podrían comenzar que resalten la individualidad de cada uno de tus hijos?

4. ¿Cómo puedes ayudar a tu hijo a sentirse orgulloso de sus cualidades únicas?

actividad: Póster «Soy Único»

Lo que necesitarás:

- Una cartulina
- Marcadores, crayones o lápices de colores
- Pegamento o cinta adhesiva
- Revistas, fotos o calcomanías

Cómo hacerlo:

Crea un póster de «Soy único» junto con tu hijo. Ponle el título «Soy único» y habla con tu pequeño de todas las cosas que lo hacen especial. Escribe esos rasgos en el póster. Deja que tu hijo decore el póster con dibujos, calcomanías o recortes de revistas que representen sus cualidades e intereses especiales. Cuelga el póster en un lugar donde tu hijo lo vea a menudo para aumentar su confianza y como un divertido recordatorio de todo lo que lo hace especial.

Por qué es útil:

Este gráfico destaca lo que hace especial a tu hijo, aumenta su autoestima al centrarse en sus rasgos únicos y sirve como una forma divertida para que tu hijo comparta su individualidad.

Fomenta la consistencia con frases positivas

- «Eres increíble tal y como eres».
- «Me encanta cómo siempre encuentras la manera de hacerme sonreír».
- «Tu creatividad e imaginación son maravillosas».
- «No tienes que ser como nadie; eres perfecto tal y como eres».
- «Estoy muy orgulloso de ti por ser tú».

Reflexiones finales

Tu hijo es único y merece ser apreciado por lo que es. Evitando comparaciones y centrándote en sus puntos fuertes individuales, puedes ayudar a tu pequeño a convertirse en una persona segura y feliz. Celebra su singularidad y hazle saber que le quieres tal y como es.

CAPÍTULO 2
MÍRAME CON AMOR, POR FAVOR

«*Una mirada cariñosa puede marcar la diferencia*». — Anónimo

Cuando hago un desastre o garabateo accidentalmente en la pared (¡uy!), sé que soy difícil de manejar. Pero cuando me miras con miras con ternura, es como si compartiéramos un abrazo súper cálido sin siquiera tocarnos.

Los ojos son el espejo del alma, y una mirada lo puede decir todo. En este capítulo, aprenderemos la importancia de utilizar una comunicación no verbal cálida y positiva con tu hijo. Algo tan simple como la forma en que miras a tu pequeño puede marcar una gran diferencia en su bienestar emocional y en su sensación de seguridad. Al utilizar miradas afectuosas y alentadoras, puedes fomentar una relación fuerte y de confianza con él.

De la negatividad a la conexión

Imagínate en una reunión de trabajo: tu jefe frunce el ceño y suspira con molestia. Toda la sala se pone tensa, y todos intentan no hacer ruido para no empeorar la situación. Él no dice una sola palabra, pero el mensaje de desaprobación de tu jefe es fuerte y claro. Ahora, piensa en cómo reaccionas con tu hijo en casa. Cuando derraman agua, llevan calcetines de distinto color o rompen un plato, ¿inconscientemente cruzas los brazos, frunces el ceño o pones cara de enojo?

Muchos padres no se dan cuenta de que su lenguaje corporal habitual con frecuencia transmite negatividad. Es fácil caer en hábitos como cruzar los brazos o mirar con desagrado sin darse uno cuenta. Imagina que colocas una cámara y observas cómo reaccionas ante tu hijo. ¡Te sorprendería ver la frecuencia con la que pareces frío o inaccesible! Aunque no sea tu intención, estas señales no verbales pueden crear un ambiente de miedo y ansiedad en tu hijo.

Cinco pasos hacia la positividad

1. Sonríe y Ofrece tu ayuda

Cuando tu hijo cometa un error, cambia tu ceño fruncido por una sonrisa. Por ejemplo, si tu pequeño derrama un vaso de leche, en lugar de suspirar de frustración, sonríe y dile: «*No pasa nada, los accidentes ocurren. Limpiémoslo juntos*». Esto le muestra que los errores forman parte del aprendizaje y que tú estás ahí para apoyarlo. Con este enfoque, cambias un recuerdo potencialmente desagradable por un momento de unión.

2. Mantén una postura abierta y relajada

Mantén los brazos sin cruzar, una postura relajada y un contacto visual suave. Imagina que tu hijo se acerca a ti con un juguete roto. En lugar de cerrarte y poner mala cara, agáchate a su nivel, míralo a los ojos con ternura y háblale con dulzura. Esta actitud abierta te hace más accesible y le indica a tu hijo que puede acudir a ti con sus problemas, lo que le asegura que eres un lugar seguro.

3. Anímalos asintiendo y sonriendo

Cuando tu hijo se esfuerce por resolver un problema, aunque no lo consiga, anímalo con gestos amables y sonrisas. Por ejemplo, si intenta atarse los zapatos y le cuesta, hazle un gesto de ánimo y una sonrisa cariñosa, diciéndole: «*Lo estás haciendo muy bien, ¡sigue intentándolo!*». Este refuerzo positivo aumenta su confianza y lo motiva a seguir esforzándose.

4. Practica la paciencia y la comprensión

Respira hondo y cálmate antes de reaccionar ante el comportamiento de tu hijo. Digamos que derrama pintura en el suelo por accidente. Resiste la tentación de gritar, tómate un momento para respirar y luego ayúdalo con calma a limpiarlo. Mostrar paciencia y comprensión ayuda a tu hijo a sentirse seguro y protegido, enseñándole que no eres solo una fuente de disciplina— sino también su mayor apoyo.

5. Expresa empatía

Habla con tu hijo como te gustaría que te hablaran a ti: elige palabras amables que muestren empatía y comprensión. Si está triste porque se le ha caído la torre de Lego, no le restes importancia. En su lugar, dile: «*Veo que te has esforzado mucho en eso. Es frustrante cuando las cosas no salen como se planean. Veamos cómo podemos reconstruirla juntos*». Los niños necesitan saber que está bien sentirse disgustado cuando las cosas no salen bien. Esta actitud les enseña que estás ahí para ayudarles a manejar sus emociones.

Al incorporar estos pequeños cambios, puedes crear un entorno positivo y enriquecedor en el que tu hijo se sienta querido y apoyado. Este enfoque fortalece tu vínculo y llena a tu pequeño de seguridad y confianza. Recuerda que tus señales no verbales son herramientas poderosas para construir el bienestar emocional de tu hijo. Úsalas para crear una conexión fuerte y de apoyo que anime a tu pequeño a crecer y prosperar.

La Historia De Mark Y Lily

Mark, el papá de Lily, solía frustrarse cuando ella cometía errores. Su reacción instintiva era fruncir el ceño o mirarla con seriedad. Con el tiempo, notó que Lily se estaba volviendo más ansiosa y retraída, evitando el contacto visual y dudando a la hora de compartir sus pensamientos.

Una noche, mientras la llevaba a la cama, notó que estaba más callada de lo normal. Cuando le preguntó qué le pasaba, ella dudó. Con la voz temblorosa, dijo: «*Papá, me da miedo contártelo. Siempre te enojas mucho cuando me equivoco*». Lily se subió las sábanas hasta la barbilla, se dio la vuelta y fingió dormir.

Mark sintió una punzada de culpa. No se había dado cuenta de lo profundamente que sus señales no verbales afectaban a Lily. Mientras estaba acostado en la cama esa noche, Mark se prometió cambiar. Decidió experimentar con un lenguaje corporal más comprensivo.

No fue fácil; sus intentos iniciales parecían torpes y forzados. A menudo tenía que contenerse para no fruncir el ceño o cruzar los brazos. Una mañana, Lily derramó un vaso de jugo sobre la mesa de la cocina. El primer instinto de Mark fue regañarla, pero se contuvo. Respiró hondo y se arrodilló a su nivel. «*No pasa nada. Los accidentes pasan*», dijo con una sonrisa. «*Limpiemos juntos*».

Al principio, Lily se mostró escéptica. Lo observaba con cautela, como si esperara que reapareciera su antigua reacción de enojo. Pero a medida que pasaba el tiempo y Mark respondía con paciencia y amor cada vez que Lily cometía un error, ella comenzó a bajar la guardia. Hubo momentos en los que Mark luchó por mantener la calma, especialmente después de un largo día de trabajo, pero el eco de las palabras de Lily lo motivó a seguir adelante.

Poco a poco, Lily empezó a abrirse a Mark. Su miedo al juicio empezó a desvanecerse lentamente, y empezó a compartir con entusiasmo historias sobre su día y sus sentimientos. Una noche, le mostró con orgullo a Mark un dibujo que había hecho. Un atisbo de duda se apoderó de la mente de Lily, y medio esperaba que su padre la criticara. En cambio, Mark la colmó de elogios, admirando su esfuerzo y creatividad. El rostro de Lily se iluminó con una sonrisa y, por primera vez en mucho tiempo, Mark vio una confianza genuina en sus ojos.

El viaje de Mark y Lily no estuvo exento de contratiempos. Hubo días en los que él volvió a caer en viejos hábitos y Lily se encerró en sí misma. Pero con cada paso en falso, Mark aprendió a perdonarse a sí mismo y a intentarlo de nuevo. Con el tiempo, su relación se hizo más fuerte, construida sobre una base de confianza y comprensión.

Tiempo De Calma

Reflexionando sobre el pasado y el presente

1. Cuando eras niño, ¿tus padres tenían cierto aspecto o lenguaje corporal cuando estaban disgustados? ¿Cómo te hacían sentir?

2. ¿Cómo afectaron las señales no verbales de tus padres a tus emociones cuando eras niño? ¿Alguna vez te hicieron sentir asustado, seguro o algo más?

3. ¿Qué tipo de señales no verbales emites cuando estás enfadado con tu hijo? ¿Cruzas los brazos, pones una determinada mirada o utilizas otro tipo de lenguaje corporal?

4. ¿Notas alguna similitud entre tus hábitos no verbales y los de tus padres? ¿Qué opinas al respecto?

5. ¿Cómo crees que tu lenguaje corporal afecta los sentimientos de tu hijo?

Practicar la comunicación no verbal positiva

1. ¿Qué pequeño cambio puedes hacer en tu lenguaje corporal para mostrar más apoyo y amor a tu hijo? ¿Quizás más sonrisas, miradas más tiernas o brazos abiertos?

2. Piensa en un momento en el que tu hijo haya necesitado que le dieras seguridad. ¿Tu lenguaje corporal ayudó o complicó la situación? ¿Qué harías de forma diferente la próxima vez?

Construye conexiones más fuertes

1. ¿Qué puedes hacer para asegurarte de que tu lenguaje corporal siempre transmita un mensaje de amor y apoyo? Incluso en los días difíciles, ¿cómo puedes mantener una actitud positiva?

2. ¿Cómo puedes hacer del uso de un lenguaje corporal positivo un hábito diario? ¿Hay algo pequeño que puedas hacer todos los días, como recordarte a ti mismo que sonrías o que des un abrazo reconfortante?

3. Escribe un pequeño recordatorio para mantener tu lenguaje corporal abierto y cálido. ¿Qué escribirías? Algo como *«Sonríe primero»* o *«Muestra amabilidad a través de tus ojos»*.

 «Juego del espejo»

Cómo hacerlo:

Dedica unos minutos a jugar al «Juego del espejo» con tu hijo. Párense juntos frente a un espejo y hagan por turnos diferentes expresiones faciales. Pueden probar emociones como alegría, tristeza, sorpresa, frustración o chistoso. ¡No olviden añadir sonidos y voces divertidas mientras hacen muecas para que el juego sea atractivo y alegre! Imita las caras de los demás para ver cómo se ven. Hablen de cómo les hace sentir cada expresión y lo que podría comunicar a otra persona. Por ejemplo, «*¿Cómo te sientes cuando ves una gran sonrisa? ¿Y una cara triste?*». A continuación, hablen de cómo expresar sentimientos puede afectar a los demás para ayudar a desarrollar la empatía y el reconocimiento emocional.

Por qué es útil:

Aprender a reconocer y comprender diferentes emociones fortalece la inteligencia emocional de tu hijo, y hablar sobre las emociones le ayuda a aprender a expresarse y a comprender mejor a los demás. Este juego es divertido, lo que facilita que los niños conecten con sus sentimientos.

Fomenta la consistencia con frases positivas

- *«Te veo y me importas».*
- *«Tus sentimientos me importan».*
- *«Estoy aquí para ti, pase lo que pase».*
- *«Vamos a resolver esto juntos».*
- *«Eres importante para mí».*

Reflexiones finales

Recuerda que tu mirada cálida y tus gestos amables tienen el poder de nutrir y tranquilizar a tu hijo. Son las pequeñas cosas—una sonrisa, una palabra amable—un toque suave, las que les hacen sentir amados y seguros. Estos momentos de conexión son la raíz de la confianza y el afecto. Aprovecha el poder de la calidez en tus interacciones diarias y observa cómo crece la confianza y la felicidad de tu hijo. Tu presencia amorosa es el mayor regalo que puedes hacerles.

CAPÍTULO 3
ESCÚCHAME CON EL CORAZÓN

«*Escuchar es donde comienza el amor: escucharnos a nosotros mismos y luego a nuestros vecinos*». —Fred Rogers

Cuando te cuento sobre mi día en la escuela o del dragón con el que soñé, y tú escuchas, ¡mi corazón se llena de alegría! A veces, siento que estás demasiado ocupado con cosas de adultos. Pero cuando me preguntas sobre los personajes de mis historias, siento que lo que digo es un tesoro para ti.

En este capítulo, exploraremos la importancia de escuchar realmente las historias de tu hijo. La escucha activa es una habilidad que muchos de nosotros tenemos que aprender—haciendo el esfuerzo, puedes ayudar a tu pequeño a sentirse valorado y amado. Aprendamos a crear un hogar comprensivo y amoroso, entendiendo y manejando tus respuestas a las palabras de tu hijo.

Escuchar activamente a tu hijo

Imagina que compartes algo emocionante o frustrante con tu pareja. Mientras hablas, notas que apenas te mira, asiente de vez en cuando, pero en realidad no está prestando atención. Dejas de hablar tranquilamente y te retiras, sintiéndote poco apreciada y frustrada. Ahora, piensa en cómo se aplica esto a tu hijo. Cuando habla con entusiasmo sobre su día en la escuela o sobre un sueño que tuvo, necesita algo más que un asentimiento apresurado o un distraído «*okay*». Necesita ver que estás realmente interesado en sus historias.

Escuchar activamente significa estar presente, comprender, responder y recordar lo que tu hijo te dice. No se trata solo de oír las palabras, sino de involucrarse con las emociones y los pensamientos que hay detrás de ellas. Cuando escuchas activamente a tu hijo, le demuestras que sus pensamientos y sentimientos son importantes para ti. Así que deja el teléfono, establece contacto visual y responde con interés genuino. Hazles preguntas que demuestren que sientes curiosidad por su mundo, como «*¿Qué pasó después?*» o «*¿Cómo te hizo sentir eso?*». Si les demuestras que te preocupas, ¡te sorprenderá lo mucho que se abren!

Escuchar activamente es un poco como magia: puede transformar el intercambio de palabras en conexiones significativas. Imagina la alegría en el rostro de tu hijo cuando vea que estás completamente concentrado en lo que está diciendo. Estará tan emocionado de compartir más que lo encontrarás hablando de todo tipo de cosas, desde su día escolar hasta sus aventuras imaginarias. ¡Esto los hace sentir amados y es un gran estímulo para la confianza!

Con solo escuchar a tu hijo, llegarás a conocer su verdadero yo. Esto puede cambiar lo que creías saber de él, revelando talentos que ni siquiera sabías que tenía. Al igual que todos nosotros, los niños sienten que importan cuando sus ideas, sentimientos y habilidades son tratados con respeto. La próxima vez que tu hijo comparta una historia, demuéstrale que su voz importa escuchándolo con el corazón. Verás cómo su confianza y autoestima se disparan a medida que aprende a entender y comunicar lo que siente, quiere y necesita.

Por favor, NO

No critiques lo que dice tu hijo.

Si tu hijo viene a ti con un problema o un error, escúchalo con empatía y compasión en lugar de criticarlo de inmediato. Imagínate que te dice que ha roto un jarrón por accidente. En lugar de responderle enojado: «*¿Por qué siempre eres tan descuidado?*», intenta escuchar toda la historia. Responde con comprensión para que se sienta seguro de compartir contigo la próxima vez.

No empieces a darle un sermón

Es fácil caer en el sermoneo cuando tu hijo hace algo mal. Por ejemplo, si se olvida de hacer las tareas, en lugar de sermonearle sobre la responsabilidad, simplemente habla con él. Pregúntale cómo le ha ido el día y escucha sus razones para no completar la tarea. Esto le da la oportunidad de contar su versión de la historia y le ayuda a sentirse escuchado antes de que le des consejos o establezcas expectativas.

No intentes arreglar todo por tu hijo

Como padres, naturalmente queremos resolver los problemas de nuestros hijos. Pero intervenir demasiado rápido puede hacer más daño que bien, e incluso impedirles aprender habilidades importantes. Si tu pequeño tiene dificultades con un proyecto escolar, resiste la tentación de hacerlo por él. En lugar de eso, siéntate con él, hablen del problema y ayúdalo a encontrar una solución. Este enfoque fomenta la independencia y la capacidad de resolver problemas, y le da a tu hijo una sensación de logro.

 ## La Historia De Sarah Y Ella

Esta es la historia de Sarah y a su hija Ella. Sarah, una mamá trabajadora y muy ocupada, solía prestar poca atención a lo que Ella le contaba mientras preparaba la cena o revisaba sus correos electrónicos. Con el tiempo, Ella sintió que sus historias no importaban y dejó de contarlas. Empezó a preguntarse si había algo malo en ella—¿por qué no podía mantener la atención de su madre?

Una noche, cuando se acercaba la hora de acostarse, Ella preguntó: «*Mamá, ¿compraste los lápices de colores que te pedí? Los necesito para mi proyecto de ciencias del lunes»*. Sorprendida, Sarah respondió: «*¿Cuándo me pediste que comprara lápices de colores?*».

Los ojos de Ella se llenaron de lágrimas cuando dijo: «*Ya te lo dije un par de veces y dijiste que sí. Ves, nunca escuchas. Ni siquiera recuerdas que te hablé del proyecto. Siempre eres así*». Ella empezó a llorar.

Sarah se quedó paralizada, dándose cuenta de repente de lo desatenta que había estado—ni siquiera recordaba que Ella le hubiera mencionado un proyecto de ciencias. Recordó la sensación de soledad que tenía cuando su madre estaba demasiado ocupada para prestarle atención cuando era niña. Al ver cuánto daño había causado al ignorar los intereses de Ella, Sarah supo que tenía que cambiar.

Sarah abrazó a su hija y se disculpó. Decidida a hacer las cosas bien, salió inmediatamente a comprar los lápices de colores, pero lo más importante es que se comprometió a escuchar de verdad a Ella a partir de ese momento. Empezó por reservar 15 minutos cada noche justo después de la cena como «tiempo de Ella», en el que dejaba de lado todas las distracciones y le prestaba toda su atención a su hija. Los primeros días fueron duros—Sarah luchaba por no distraerse y Ella dudaba en hablar.

Sarah empezó haciendo preguntas abiertas sobre el día de Ella, mostrando un interés genuino en sus historias. «*¿Qué fue lo mejor de tu día?*», le preguntaba, o «*¿Puedes contarme más sobre el dragón morado?*».

Al principio, las respuestas de Ella eran cortas. Pero a medida que los días se convertían en semanas, el esfuerzo constante de Sarah empezó a dar sus frutos. Ella empezó a abrirse más, sus historias se hicieron más largas y detalladas. Una noche, compartió un elaborado cuento sobre dragones, con diferentes personajes y tramas. Sarah escuchó atentamente, preguntando sobre cada giro y vuelta, genuinamente fascinada por la imaginación de Ella. ¡No se había dado cuenta de que su hija era tan creativa!

El rostro de Ella se iluminó de alegría y Sarah se dio cuenta de la importancia de estos momentos especiales. Su vínculo se hizo más fuerte y la confianza de Ella floreció. Sarah aprendió que escuchar de verdad hacía que Ella se sintiera valorada y comprendida. Fue un proceso gradual, pero el esfuerzo valió la pena, acercándolas más que nunca.

Tiempo De Calma

Reflexionando sobre el pasado y el presente

1. Cuando eras niño, ¿tus padres realmente escuchaban tus historias o estaban distraídos? ¿Cómo te hacía sentir que no te prestaran atención?

2. ¿Crees que la forma en que tus padres te escuchaban (o no te escuchaban) influye en cómo escuchas a tu hijo hoy en día? ¿En qué aspectos lo ves?

Practicar la escucha activa

1. Piensa en la última historia que te contó tu hijo. ¿Cuáles fueron los puntos principales? ¿Cómo respondiste? ¿Mostraste interés o estabas un poco distraído?

2. ¿Cómo puedes mejorar tus habilidades para escuchar después de reflexionar sobre esa última conversación? ¿Qué puedes hacer de manera diferente la próxima vez?

3. ¿Qué medidas puedes tomar para asegurarte de escuchar realmente a tu hijo en el futuro? ¿Guardar el teléfono o prestarle toda tu atención?

Fomentar la narración de historias y la creación de vínculos

1. ¿Cuáles son las cinco cosas de las que a tu hijo le encanta hablar? ¿Cómo puedes utilizar esos temas para fomentar la narración de historias y el vínculo afectivo?

2. ¿Tiene tu hijo un cuento o personaje favorito del que habla mucho? ¿Qué tal si creas tu propio cuento con él, usando esos personajes y temas? ¡Es una forma divertida de crear lazos!

Crear una comunicación abierta

1. Fíjate en tu rutina diaria. ¿Cuándo puedes dedicar un poco de tiempo a escuchar a tu hijo sin distracciones?

2. Escoge momentos específicos del día en los que te concentres por completo en los cuentos de tu hijo. Quizás durante la cena o justo antes de acostarse, ¡lo que funcione mejor!

Mejorar las habilidades para escuchar

1. ¿Qué cosas te distraen normalmente cuando tu hijo está hablando? ¿Cómo puedes minimizar esas distracciones para estar más presente en la conversación?

2. ¿Cómo puedes mostrar más entusiasmo cuando tu hijo comparte algo contigo? Sea haciéndole preguntas de seguimiento o mostrando emoción, ¿cómo puedes dejarle saber que te importa?

 **actividad:** El frasco de las historias

Lo que necesitarás:

- Un frasco
- Papel
- Plumas, marcadores, lápices de colores o crayones
- Calcomanías
- Pegamento o cinta adhesiva
- Tijeras

Cómo hacerlo:

Deja que tu hijo decore un frasco con divertidas y coloridas calcomanías o que haga dibujos creativos y los pegue con pegamento o cinta adhesiva en el frasco. Corta un trozo de papel en tiras. Cada vez que tu hijo cuente una historia, escribe un título corto en una tira de papel, dóblala y añádela al frasco. Una vez al mes, saca una tira del frasco, vuelve a contar la historia y coméntenla juntos. Dale un giro creativo convirtiéndolo en un juego: desafíense añadiendo a la historia que elijan del frasco.

Por qué es útil:

Esta actividad hace que contar historias sea divertido y memorable, a la vez que fomenta el intercambio y la unión. También ayuda a tu hijo a conectar con su lado creativo.

Frases positivas para promover la escucha activa

- «¡Cuéntame más sobre eso!»
- «¡Cuentas historias tan interesantes!»
- «Y ¿Qué pasó después?»
- «¡Eso suena emocionante! ¿Cómo te hizo sentir?»

- «¡Vaya, nunca lo supe! Gracias por compartirlo».
- «Me encanta escucharte hablar. ¡Eres tan interesante!»
- «¡Eres tan creativo! No puedo esperar a escuchar más».
- «¡Eso debe haber sido divertido! ¿Puedes darme más detalles?»
- «Parece que te lo pasaste muy bien. ¿Cuál fue tu parte favorita?».
- «Te agradezco que me lo cuentes. Es muy importante para mí».
- «¡Tienes una imaginación tan vívida! ¡Es increíble!»
- «Ese debe haber sido un gran momento para ti. ¿Cómo lo manejaste?»
- «Estoy aquí y escuchando. Tu historia me importa».
- «Tus ideas son siempre tan interesantes. Me alegra que las compartas conmigo».
- «Gracias por compartir esto conmigo. Me ayuda a entenderte mejor».

Reflexiones finales

La escucha activa es la llave que abre la puerta al mundo de tu hijo. Les muestra que son vistos, escuchados y valorados. Cuando escuchas con el corazón, no solo estás oyendo palabras; estás conectando a un nivel más profundo. La próxima vez que tu hijo comparta una historia, haz una pausa, mírale a los ojos y adéntrate en su mundo. Para tu pequeño, tu presencia atenta es el mayor premio: los momentos que pases escuchando de verdad son momentos que atesorarán para siempre.

CAPÍTULO 4

NO ME REGAÑES EN PÚBLICO

«Habla en voz baja a un niño en privado; su corazón escuchará y su dignidad permanecerá intacta». — Anónimo

Si hago algo mal, por favor, no me regañes enfrente a los demás. Me hace sentir avergonzado y pequeño. ¿Podemos hablarlo en privado? Te prometo que escucharé y aprenderé mejor sin la vergüenza de que otros me vean.

Los regaños en público pueden ser humillantes para los niños. Pueden herir sus sentimientos y su autoestima e incluso hacer que estén menos dispuestos a aprender de sus errores. En este capítulo, hablaremos de la importancia de manejar la disciplina en privado y con respeto. Al asegurarnos de que estas conversaciones sean privadas, podemos crear un entorno seguro que respete la dignidad de nuestros hijos y fomente una mejor escucha.

Regañar no es un asunto público

Es hora de un ejercicio difícil: Imagina a un niño inocente como el tuyo. A lo largo de los años, se convierten en una persona profundamente infeliz—se sienten indignos, no se respetan a sí mismos ni a los demás, y van batallando por la vida. Como padre, imaginar tal escenario es desgarrador, pero la verdad es que regañar a los niños en público puede causar un daño duradero a sus sentimientos y confianza, lo que conduce a resultados como este.

Recuerda una vez en la que alguien te regañó delante de otros—un jefe, un maestro o incluso un familiar. ¿Cómo te sentiste? Probablemente fue una mezcla de vergüenza, humillación y hasta enojo. Aunque tu crítico tuviera razón, probablemente no te sentiste identificado. En lugar de centrarte en la lección, probablemente solo pensaste en cómo te veían los demás en ese momento.

Ahora, piensa en cómo se siente un niño. Cuando regañas a un niño en público, puedes romper su confianza y hacer que se sienta inseguro e insignificante. Imagina que tu hijo tira un plato de cena en una reunión familiar. La comida salpica por el suelo y el plato se hace añicos. Tu reacción inmediata podría ser regañarlo delante de todos. Si haces esto, el plato roto no será su único problema: también tendrá que lidiar con la vergüenza de ser regañado delante de los demás. En lugar de aprender a tener cuidado, podría aprender a tener miedo de cometer errores.

Manejar estas situaciones en privado cambia la perspectiva. Le muestra a tu hijo que respetas sus sentimientos y que su dignidad es importante para ti. Este enfoque crea un espacio seguro donde realmente puede escuchar lo que le dices sin la distracción de una audiencia. Al resguardarse en una conversación individual, tu pequeño puede concentrarse en comprender el error que cometió y cómo mejorar, en lugar de consumirse por la vergüenza.

Regañar en público también puede tener efectos negativos a largo plazo, haciendo que los niños desarrollen ansiedad, se vuelvan más reservados o se rebelen contra la autoridad. Incluso podrían empezar a creer que son incapaces o indignos, lo que dañaría su autoestima y perjudicaría sus relaciones futuras.

A medida que se convierten en adolescentes, los efectos de los regaños públicos se hacen aún mayores, tomando los típicos cambios y presiones de la adolescencia y magnificándolos considerablemente. Esto puede hacer que estos adolescentes luchen con la baja autoestima y la duda, haciéndolos más propensos a ceder a la presión de sus compañeros o a participar en comportamientos peligrosos para sentirse aceptados.

Cuando en lugar de eso te acercas a tu hijo y hablas con él con calma, estás practicando una disciplina respetuosa. Esto le hace ver que los errores forman parte del aprendizaje y el crecimiento, y sienta las bases de la confianza y el respeto, ayudándole a convertirse en una persona emocionalmente sana.

En resumen, evitar los regaños en público ayuda a los niños a sentirse seguros y valorados, lo cual es crucial para su desarrollo y felicidad. La próxima vez que algo salga mal en público, respira hondo y resiste la tentación de regañarlo impulsivamente. En vez de eso, busca un momento tranquilo para discutir la situación en privado y con calma con tu hijo. Apreciará tu comprensión, apoyo y esfuerzo por construir una relación respetuosa.

Qué hacer si has regañado públicamente a tu hijo

Los errores suceden. Asumir la responsabilidad cuando has avergonzado públicamente a tu hijo puede ser difícil y sentirse como un golpe a tu orgullo, pero es importante reclamar la responsabilidad y tomar medidas para reparar el daño. Así es como puedes hacerlo:

Paso 1: Pide perdón de manera sincera

Empieza con un perdón sincero. Dile a tu hijo que cometiste un error, que lo reconoces y que de verdad lo sientes. Podrías decir: «*Siento mucho haber sacado el tema delante de todos. Debería haber esperado a hablar contigo en privado. No fue justo para ti y realmente lo lamento*».

Paso 2: Transmítele seguridad

Recupera la confianza asegurando a tu hijo que no volverá a suceder, y hazlo de verdad. Explícale cómo piensas manejar situaciones similares de manera diferente en el futuro con una frase como: «*A partir de ahora, promento hablar contigo en privado si hay algún problema*».

Paso 3: Habla abiertamente

Ten una conversación sincera con tu hijo sobre cómo le han afectado tus acciones. Prepárate para escuchar activamente y asumir la responsabilidad sin ponerte a la defensiva. Piensen juntos y pónganse de acuerdo sobre mejores formas de manejar situaciones similares. Crear una señal que tu hijo pueda usar si se siente avergonzado o molesto en público puede ayudarte a evitar otro tropiezo.

Paso 4: Reconstruye la conexión

A continuación, debes centrarte en reparar y fortalecer tu conexión con tu hijo. Una forma estupenda de hacerlo es ideando algunas actividades que puedan hacer juntos y que demuestren a tus pequeños que los valoras y los quieres. Algunas ideas divertidas son una salida especial solo para ustedes dos o una noche en familia llena de juegos que a ellos les gusten. Estos momentos especiales le recordarán a tu hijo lo importante que es para ti, lo que le ayudará a recuperar la confianza.

¡No todo está perdido después de un error! Siguiendo estos pasos, puedes reparar cualquier daño en tu relación y desarrollar un vínculo aún más profundo con tu hijo.

La Historia De Anjali Y Nimisha

Anjali solía perder la paciencia en público cuando su hija Nimisha se portaba mal. Le gritaba sin pensarlo, creyendo que así corregiría su comportamiento de inmediato. Sin embargo, Anjali empezó a preocuparse cuando notó que Nimisha se volvía más callada y menos extrovertida. Normalmente, Anjali ignoraba por completo las rabietas o sobornaba a Nimisha para que parara, pero estos métodos no producían ningún cambio duradero. Su enfoque no estaba funcionando y sabía que era hora de encontrar una solución diferente.

Unos días después, Nimisha tuvo un día especialmente difícil. Mientras esperaban en la fila del supermercado, hizo un berrinche porque quería una barra de chocolate. Mientras Nimisha apretaba los puños, gritaba y golpeaba el suelo con los pies, Anjali sintió la familiar oleada de frustración. Estuvo tentada de gritarle a Nimisha, pero en su lugar respiró hondo y le dijo con calma que lo discutirían en casa. Mantener la compostura en medio de las miradas críticas de otros compradores fue un desafío para Anjali, pero con su meta en mente, logró reprimir su impulso habitual de regañar. Terminó de pagar, acompañó tranquilamente a Nimisha al coche y se dirigió a casa.

Más tarde, en la privacidad de su sala de estar, Anjali se sentó con Nimisha y, con voz calmada, le preguntó por qué estaba molesta. Nimisha dudó en contarle a su madre lo que le pasaba, pero después de algunas persuasiones, finalmente se abrió. Admitió sentirse ignorada cuando su madre estaba demasiado ocupada para prestarle atención. Anjali escuchó atentamente y reconoció los sentimientos de Nimisha. Después de asegurarse de que su hija se sintiera escuchada, Anjali le explicó por qué el comportamiento de Nimisha en la tienda era inaceptable. Hablaron sobre mejores formas de expresar la frustración y establecieron un plan sobre qué hacer la próxima vez que Nimisha se sintiera abrumada.

Aunque a veces era difícil, Anjali siguió utilizando su nuevo enfoque. En lugar de reaccionar a las rabietas con ira inmediata, Anjali le recordaba con calma a Nimisha que hablarían del problema en casa. Esta coherencia ayudó a Nimisha a sentirse más segura y comprendida, y Anjali empezó a notar cambios significativos en el comportamiento de su hija. Nimisha se volvió menos propensa a los berrinches en público y mejor para comunicar lo que necesitaba. Lo mejor de todo fue que, gracias a su dedicación, Anjali sintió que su relación con Nimisha se hacía cada vez más fuerte. La lucha por cambiar sus reacciones iniciales fue dura para Anjali, pero la mejora en el comportamiento de Nimisha y su vínculo hicieron que todo valiera la pena.

Tiempo De Calma

Reflexionando sobre el pasado y el presente

1. Piensa en una ocasión en la que te regañaron delante de otras personas cuando eras niño. ¿Cómo te hizo sentir?

2. Recibir un regaño en público de tus padres, ¿tuvo el efecto que esperaban? ¿O empeoró las cosas? ¿Por qué crees que fue así?

3. Si pudieras volver atrás, ¿cómo pedirías a tus padres que manejaran esas situaciones de manera diferente?

Practicar la disciplina en privado

1. Piensa en una ocasión reciente en la que regañaste a tu hijo en público. ¿Cómo reaccionó y cómo te sentiste después?

2. ¿Qué medidas puedes tomar para asegurarte de que estas conversaciones se mantengan en privado en el futuro? ¿Cómo te recordarás a ti mismo que debes manejar la situación con calma?

3. Cuando has tenido conversaciones privadas y respetuosas con tu hijo sobre sus errores, ¿qué cambios positivos has notado en su comportamiento? ¿Ha mejorado su confianza o su forma de responder?

Fomentar la comunicación respetuosa

1. ¿Se te ocurren situaciones en las que podrías practicar la disciplina de forma privada? ¿Qué harás de forma diferente para proteger la dignidad de tu hijo?

2. ¿Cómo puedes utilizar un lenguaje tranquilo y respetuoso para hablar de los errores de tu hijo y guiarlo hacia mejores decisiones? ¿Qué frases o tono pueden ayudar a que la conversación sea constructiva?

🎯 *actividad:* Rincón de conversación tranquila

Designa un espacio privado para hablar sobre el comportamiento y la disciplina, como un rincón tranquilo de la casa donde puedan hablar sin interrupciones. Para asegurarte de mantener la calma y el respeto, practica la respiración profunda o una técnica de relajación rápida antes de abordar el comportamiento de tu hijo.

Auto-recordatorios para padres

1. Regla personal: Establece una pauta como: «Siempre habla de asuntos serios en privado». Recuérdatelo a ti mismo a lo largo del día.

2. Recordatorio visual: Coloca una pequeña nota que diga: «Privacidad para conversaciones serias» por toda tu casa, coche, oficina o cualquier otra zona que frecuentes. También

puedes elegir un símbolo que represente este concepto y colocarlo en tu nota.

3. Alertas: Antes de las conversaciones previstas, utiliza recordatorios de calendario o alertas telefónicas con mensajes como «Discutir en privado» para refrescar la memoria.

Frases para iniciar conversaciones privadas

- «Oye, ¿podemos hablar de esto en algún lugar privado? Es importante para mí».

- «Apartémonos un momento para poder charlar sin distracciones».

- «Necesito hablar contigo de algo importante. ¿Podemos buscar un lugar tranquilo?».

- «Esto es un asunto privado. ¿Qué tal si vamos a tu habitación o a algún lugar tranquilo para discutirlo?».

- «Creo que necesitamos concentrarnos en esto. ¿Podemos ir a algún lugar tranquilo para hablar?».

Reflexiones finales

Tu hijo es una persona con sus propios sentimientos, emociones y comprensión del respeto y la amabilidad. Experimenta vergüenza, bochorno y culpa al igual que tú, así que trátalo con la misma amabilidad que te gustaría que te mostraran a ti. Al mismo tiempo, recuerda que todavía está desarrollando el autocontrol, así que bríndale toda tu orientación y apoyo. Tómate un momento para reconsiderar tu papel como padre. ¿Quieres que te recuerden solo como un ejecutor de reglas, o prefieres que tu pequeño te admire como su mentor y modelo a seguir más admirado? Enséñales cómo se pueden manejar los errores con amabilidad y muéstrales de primera mano cómo tratar a los demás con respeto. Cuando aceptes tu viaje como padre con amor, apoyo y ánimo, ayudarás a tu hijo a convertirse en una persona responsable y empática.

CAPÍTULO 5

AYÚDAME A ENTENDER MIS SENTIMIENTOS

«Los sentimientos son como las olas; no podemos evitar que vengan, pero podemos elegir en cuál surfear». — Jonatan Mårtensson

A veces mis sentimientos se mezclan y se enredan tanto como mis cordones de los zapatos. Cuando me dices que está bien sentir lo que siento y me enseñas a expresarlo, es como si me dieras una linterna para iluminar la oscuridad.

Cuando enseñas a tu hijo a comprender y manejar sus emociones, ¡es como otorgarle un superpoder que dura toda la vida! Este capítulo explora la importancia de ayudar a los niños a desarrollar la inteligencia emocional, que es crucial para su desarrollo y bienestar general. Al enseñar a tu hijo formas saludables de expresar y afrontar sus sentimientos, lo preparas para afrontar los desafíos más difíciles de la vida.

Sé mi brújula emocional

Imagínate que pudieras leer la mente de tu hijo. ¿No sería increíble saber por qué siempre elige el mismo crayón rosa, empuja a su hermano sin razón o deja la puerta del refrigerador abierta todo el tiempo? Mejor aún, ¿por qué a veces parece que hace exactamente lo contrario de lo que se le dice? Cuando estamos agotados o frustrados, mantener nuestras propias emociones bajo control a veces puede parecer una batalla cuesta arriba, lo que hace que navegar por las emociones de nuestros hijos parezca imposible. Cuando tu pequeño está molesto, ¿te sientes impotente y prefieres ignorarlo, esperando que se le pase solo? Hay mejores formas de manejar estos momentos. Hablemos de ellos.

En primer lugar, ten en cuenta el ambiente de tu hogar. ¿Es cómodo y acogedor o frío y caótico? El hogar debe ser un lugar seguro para que los niños expresen sus sentimientos sin temor a ser juzgados o rechazados. Cuando tu hijo esté molesto, evita hacer preguntas inmediatamente como: «¿*Hiciste algo que no debías hacer?*». En lugar de sacar conclusiones precipitadas, intenta decir: «*Veo que estás molesto en este momento. Hablemos de lo que te molesta*». Cuando abordas la situación de una manera relajada, normalizas las emociones de tu hijo, asegurándole que lo que siente es válido y aceptable.

Sé el modelo emocional de tu hijo manejando tus propios sentimientos con calma y de manera constructiva. Cuando te sientas frustrado, exprésalo con claridad y muestra cómo lo manejas: «*Me siento un poco frustrado porque las cosas no han salido como esperaba hoy. Voy a calmarme respirando profundamente y dando un paseo por el barrio*». Al manejar tus propias emociones con madurez, le enseñas a tu hijo técnicas prácticas para manejar las suyas.

Ayuda a tu pequeño a identificar y definir sus sentimientos. Frases como «*no estés triste*» pueden parecer despectivas. En lugar de eso, prueba con «*parece que estás triste porque tu amigo no ha podido venir. Seguro que es muy decepcionante. Está bien sentir lo que sientes*». Enseñar a tu hijo a poner nombre a sus emociones le ayuda a comprender mejor sus sentimientos y a comunicarse con ellos de forma más eficaz.

Ayuda a tu hijo a aprender a sentir empatía poniéndolo en la piel de otra persona durante un paseo; anímalo a pensar en los sentimientos de los demás. Por ejemplo, tal vez tu hijo esté enfadado porque un hermano rompió accidentalmente su juguete. Ayúdalo a ver la situación desde otro punto de vista hablándole sobre cómo podría sentirse su hermano por lo sucedido: ¿siente tristeza, culpa, arrepentimiento o vergüenza por romper el juguete? Habla sobre estas emociones y ponles nombre. Practiquen juntos técnicas de autorregulación, como respirar profundamente o tomarse un descanso para calmarse. Al animar la empatía y las técnicas saludables de manejo del estrés, ayudas a tu hijo a aprender a manejar sus emociones de manera constructiva, promoviendo la inteligencia emocional y la resiliencia.

Desarrollo del cerebro infantil

Entender cómo se desarrolla el cerebro de tu hijo puede marcar la diferencia cuando quieres ayudarlo a manejar sus emociones. La primera infancia es una época de rápido crecimiento cerebral, especialmente en las regiones del cerebro que ayudan a regular los sentimientos y el autocontrol. Conocer la ciencia que hay detrás de los comportamientos puede ayudarte a ser más paciente y comprensivo a medida que tu hijo aprende y crece.

En los niños pequeños, la parte del cerebro que controla las emociones está muy activa, por eso reaccionan intensamente ante cosas pequeñas y les cuesta manejar sus sentimientos. En momentos difíciles, recuerda que el cerebro de tu hijo todavía está aprendiendo a procesar las emociones. En lugar de aumentar el caos frustrándote tú mismo, ayúdale a regularse: intenta consolarlo y guiarlo a través de sus emociones. Por ejemplo, si tu hijo está molesto porque no quiere vestirse, reconoce sus sentimientos y ayúdale a calmarse.

A medida que los niños crecen y maduran, la parte del cerebro que regula la toma de decisiones y el autocontrol se desarrolla mejor; este proceso continúa durante la adolescencia. Para favorecer el crecimiento saludable del cerebro, dale a tu hijo muchas oportunidades de tomar decisiones y resolver problemas, como ayudarle a planificar una salida familiar o dejarle resolver un desacuerdo con un amigo. Estas oportunidades le ayudan a aprender a pensar críticamente sobre sus acciones y a manejar mejor sus emociones.

Para promover el desarrollo saludable del cerebro, concéntrate en crear un ambiente de apoyo en casa. Las rutinas consistentes, los comentarios positivos y la comunicación abierta ayudan a los niños a sentirse seguros y comprendidos. Actividades como leer juntos, jugar juegos educativos y participar en juegos creativos también estimulan el crecimiento del cerebro. Tu paciencia y apoyo durante estos años sientan las bases para la salud emocional y el éxito futuro de tu pequeño.

Cómo modelar respuestas emocionales saludables

Los niños aprenden con el ejemplo, especialmente cuando se trata de manejar emociones, ¡así que ten cuidado con lo que les enseñas! Nuestras acciones dicen más que las palabras, y los niños observan de cerca e imitan cómo manejamos nuestros sentimientos. Cuando manejas bien tus propias emociones, le enseñas a tu hijo valiosas estrategias frente a las adversidades.

Expresa tus emociones con claridad

Si te sientes abrumado, ¡dilo! Al hacerlo, normalizas tener sentimientos. Podrías decir: «*Me siento un poco estresado porque tengo muchos mandados que necesito hacer. Creo que voy a respirar hondo unas cuantas veces para calmarme*». Esto te ayuda a manejar tus sentimientos y también le muestra a tu hijo cómo expresar y atender los suyos.

Utiliza lenguaje constructivo

Evita frases despectivas como «*No es para tanto*» o «*Ya se te pasará*». A nadie le gusta que le resten importancia a sus sentimientos, así que mira la situación desde la perspectiva de tu hijo, reconoce su dificultad y ofrécele apoyo. Podrías decir: «*Veo que esto es difícil para ti. Vamos a superarlo juntos*». Validar sus sentimientos y abordar los problemas juntos ayuda a tu hijo a sentirse comprendido.

Demuestra técnicas de relajación

Enséñale a tu hijo a utilizar técnicas de relajación cuando las emociones estén a flor de piel. Hacer actividades como respirar profundamente, contar hasta diez o dar un paseo corto juntos le enseñará métodos prácticos para controlar sus emociones y los ayudará a ambos a relajarse. La próxima vez que tu hijo esté molesto, prueba a decirle: «*Vamos a calmarnos respirando juntos tres veces profundamente*».

Anima a hablar de los sentimientos

Haz que hablar de las emociones forme parte de tu rutina diaria preguntando a tu hijo sobre sus sentimientos y hablando de los tuyos. Hacer preguntas frecuentes como «*¿Cómo te hizo sentir eso?*» fomenta la comunicación abierta y les ayuda a sentirse más cómodos expresando sus emociones.

Predica con el ejemplo

Si el ambiente de un niño no es de apoyo y estimulante, es imposible esperar que esté tranquilo y feliz. Cuando los niños son testigos de gritos frecuentes, discusiones y la invalidación de las emociones, empiezan a ver estas acciones como la norma. Ten en cuenta el viejo dicho: «*¿Lo que el mono ve, el mono hace?*». Si quieres que tu pequeño controle sus emociones, tienes que modelar la regulación de las tuyas. Cuando manejas tus sentimientos con calma, les enseñas a hacer lo mismo.

 La Historia De Kelsey Y Mia

La hija de Kelsey, Mia, a menudo batallaba con emociones intensas cuando las cosas no salían como ella quería. Kelsey se sentía abrumada por las rabietas de Mia y, muchas veces, sobornaba a su hija en un intento desesperado por detenerlas. Kelsey se dio cuenta de que este enfoque fomentaba el mal comportamiento de Mia, ya que la motivaba a portarse mal para conseguir lo que quería. Sintiéndose frustrada y derrotada, Kelsey comenzó a buscar una mejor solución.

Una tarde, Mia estaba molesta porque su torre de bloques se había derrumbado. Empezó a llorar y a gritar. Kelsey se arrodilló al nivel de Mia, la miró a los ojos y le dijo: «*Veo que estás molesta porque se cayó tu torre. Debe de ser muy frustrante después de tanto esfuerzo*».

Juntas, respiraron profundamente, una técnica de relajación que Kelsey había investigado y practicado cuidadosamente con Mia. Después de unas cuantas respiraciones, las lágrimas de Mia comenzaron a dejar de caer. Haciendo preguntas abiertas, Kelsey animó a Mia a hablar sobre lo que había pasado y cómo se sentía. Mia expresó su frustración y tristeza, y Kelsey la escuchó atentamente, validando las emociones de su hija.

A continuación, Kelsey animó a Mia a pensar en qué podían hacer de manera diferente la próxima vez para hacer la torre más fuerte. Juntas aportaron ideas, convirtiendo lo que comenzó como una rabieta en un momento de aprendizaje. Con el tiempo, con práctica y paciencia consistentemente, Mia mejoró en la expresión de sus emociones y en la búsqueda de formas constructivas de lidiar con la frustración. Kelsey notó una mejora significativa en la capacidad de Mia para manejar situaciones difíciles, y se acercaron más a medida que navegaban juntas por estos desafíos.

Tiempo De Calma

Reflexionando sobre el pasado y el presente

1. Cuando eras niño, ¿cómo respondían tus padres cuando estabas enfadado, triste o molesto? ¿Te escuchaban y validaban tus sentimientos o los ignoraban?

2. Piensa en lo bien que manejas tus emociones como adulto. ¿Hay alguna área en la que puedas mejorar la forma en que regulas tus sentimientos?

3. Mirando hacia atrás, ¿qué te hubiera gustado que tus padres hubieran hecho de manera diferente para ayudarte a manejar mejor tus emociones? ¿Cómo podría eso haber cambiado la forma en que manejas tus sentimientos ahora?

Comprender los sentimientos

1. Piensa en una ocasión reciente en la que tu hijo se sintió abrumado por las emociones. ¿Cómo reconociste lo que sentía y qué te ayudó a entenderlo mejor?

2. ¿Qué métodos le has enseñado a tu hijo para ayudarle a reconocer y expresar sus emociones? ¿Le están funcionando bien estas técnicas? ¿Qué se podría mejorar?

3. ¿Cómo te sientes cuando tu hijo está molesto? ¿Te sientes tranquilo, ansioso o algo más?

Enseñar a regular las emociones

1. ¿Cómo manejas tus propias emociones frente a tu hijo? ¿Qué crees que aprenden al verte manejar situaciones difíciles?

2. Enumera algunas estrategias que puedes enseñar a tu hijo para ayudarle a manejar emociones como la ira o la tristeza. ¿Has encontrado alguna técnica que funcione bien?

3. ¿Has notado que tu hijo imita comportamientos o frases inútiles tuyos o de tu cónyuge? ¿Cómo te hizo sentir y qué puedes hacer de manera diferente para modelar un comportamiento positivo en el futuro?

Fomentar la expresión

1. ¿Con qué frecuencia animas a tu hijo a hablar de sus sentimientos? Piensa en un ejemplo reciente en el que le apoyaste para que expresara sus emociones.

2. ¿Recuerdas alguna ocasión en la que tu hijo expresara sus sentimientos de forma positiva? ¿Cómo respondiste y cómo puedes seguir animando este tipo de comportamiento?

 La Rueda De Las Emociones

Lo que necesitarás:

- Papel
- Lápices de colores, crayones o marcadores

Cómo hacerlo:

La meta de esta actividad es lograr que tu hijo hable de sus sentimientos. Crea una rueda dibujando un círculo grande en una hoja de papel. Dibuja líneas desde el centro (como las porciones de un pastel o los rayos de una rueda) y etiqueta cada sección con una emoción. Para los niños más pequeños, concéntrate en emociones simples como feliz, triste, enojado o asustado; para los niños mayores, incluye emociones más matizadas como frustrado, satisfecho y abrumado. Colorea cada sección de la rueda.

Habla con tu hijo sobre cada emoción de la rueda y haz que elija una sección que coincida con su estado de ánimo actual. A continuación, para modelar la empatía, comparte una experiencia relacionada que hayas experimentado. Utiliza la rueda con regularidad, por ejemplo, antes de acostarte o después de un evento desafiante, para ayudar a tu hijo a aprender a expresar sus emociones. Para darle un giro divertido, crea escenarios sencillos de juego de roles. Por ejemplo, *«Imagina que has perdido tu juguete favorito en el parque»*. Pregúntale a tu hijo qué parte de la rueda corresponde a cada sentimiento. Luego, hablen sobre cómo manejar esos sentimientos.

Porqué ayuda:

Esta actividad es una forma estupenda de dar a los niños una representación visual de sus emociones, ayudándoles a comprender y compartir sus sentimientos de una manera atractiva.

Ejemplo de conversación:

- Padre/madre: *«Veo que has elegido la sección de 'enojado'. ¿Puedes contarme más sobre cuándo te sentiste así?»*.
- Hijo(a): *«Me sentí enojado cuando no pude encontrar mi juguete favorito»*.

- Padre/madre: «*¿Qué crees que podría ayudarte a sentirte mejor cuando estás enojado?*».

Frases para ayudar a los niños a manejar las emociones

- «Está bien sentirse molesto; busquemos una manera de calmarnos juntos».
- «Usa tus palabras para decirme cómo te sientes. Estoy aquí para escuchar».
- «Cuando te sientas enfadado, respira profundamente para ayudarte a calmarte. Déjame enseñarte cómo».
- «Hagamos una lista de cinco cosas que te animen cuando te sientas triste».
- «Sentir miedo es normal; hablemos de lo que te preocupa».
- «Está bien llorar; las lágrimas pueden ayudarnos a sentirnos mejor a veces».
- «Cuando te sientas frustrado, intenta tomarte un descanso y hacer algo que te guste».
- «Recuerda, está bien pedir ayuda cuando te sientas abrumado».
- «Hablar de tus sentimientos puede hacer que te asusten menos».
- «Todas las emociones son válidas, y es importante expresarlas de forma saludable».

Reflexiones finales

Ayuda a tu pequeño a convertirse en un superhéroe emocional enseñándole a identificar, expresar y manejar constructivamente sus emociones. Para que tu lección sea efectiva, tienes que predicar con el ejemplo y practicar lo que predicas: maneja tus sentimientos de una manera saludable para que puedas iluminar el camino de tu pequeño. Viajar a través de las emociones fuertes comunes en los jóvenes puede ser un desafío, pero las habilidades para la vida que tu hijo aprenderá en el camino hacen que valga la pena. A medida que recorran este camino juntos, verás florecer la inteligencia emocional de tu hijo y fortalecer su vínculo.

CAPÍTULO 6

TU DISCULPA ES IMPORTANTE PARA MÍ

«Una disculpa es el súper pegamento de la vida. Puede reparar casi cualquier cosa». —Lynn Johnston

Si alguna vez olvidas recogerme del entrenamiento de fútbol o te pierdes mi recital de piano, por favor, no dejes que el orgullo te impida pedirme perdón. Incluso si solo me dices: «Siento no haber podido venir hoy. Prometo que la próxima vez haré todo lo posible por estar allí», tus palabras significan mucho para mí.

Las disculpas pueden curar heridas, generar confianza y enseñar lecciones valiosas sobre la humildad y la responsabilidad. ¿Por qué es tan importante pedir perdón cuando cometes un error que lastima a tu hijo? Cuando reconoces tus errores y te disculpas, le demuestras a tu hijo que todos cometemos errores y que es importante asumir la responsabilidad de ellos. Disculparte cuando lo necesites, y hacerlo de verdad, puede llenar tu hogar de apertura, confianza y respeto mutuo.

Di "lo siento" de la manera correcta

«Quizá me equivoqué, pero no necesito disculparme porque los niños no lo entenderán. Se olvidarán pronto». ¿Te suena familiar? Si es así, es hora de replantearte tu forma de pensar. Al igual que todos nosotros, los niños se sienten decepcionados y faltados al respeto cuando la gente no se disculpa por sus acciones; puede ser aún más doloroso cuando esta traición proviene de sus padres. Pero pedir perdón no es solo decir «lo siento». Lo que realmente importa es la sinceridad: una disculpa genuina es una herramienta poderosa que enseña a los niños sobre la responsabilidad, la empatía y la importancia de hacer las cosas bien.

Piensa en una ocasión en la que un ser querido cometió un error que te hizo daño. ¿Se disculpó? Si es así, y si la disculpa fue sincera, probablemente apreciaste que valorara tus sentimientos lo suficiente como para intentar arreglar las cosas. Si no se disculpó, o si todo lo que dio fue un «*lo siento*» forzado y apresurado, es probable que te dejara sintiéndote herido, ignorado o incluso enojado. Si no te disculpas con tu hijo, él sentirá el mismo dolor. Cuando te disculpas de verdad por un error, como romper un juguete accidentalmente o perder los nervios, les demuestras humildad y respeto. Repetir la palabra «*lo siento*» sin ningún sentimiento detrás no es suficiente; debes decirlo de verdad.

Como padre, eres la luna y las estrellas para tu pequeño; te admiran como su mayor modelo a seguir. Cuando te ven admitir tus faltas, aprenden que los errores son parte de la vida y que lo que realmente importa es cómo los manejas y cómo creces a partir de ellos. Cuando te disculpas sinceramente, le enseñas a tu hijo honestidad y responsabilidad, reparas la confianza rota y llevas tu comunicación y comprensión a un nivel más profundo.

Digamos que tienes que faltar al juego de basquetbol de tu hijo debido a una reunión de trabajo urgente. Una disculpa sincera y la promesa de cambiar pueden hacer mucho para que se sienta mejor. Decir: «*Siento no haber podido ir, sé lo importante que era para ti. ¡Reprogramé la reunión del viernes para poder ir a tu próximo juego!*», demuestra que te preocupas por sus sentimientos y que estás comprometido a hacer las cosas bien.

Saber que alguien se disculpa de verdad también desarrolla la inteligencia emocional de los niños, ya que los anima a expresar sus propios sentimientos y a empatizar con los demás. Cuando te ven esforzándote por corregir un error, piensan más en el impacto que sus acciones tienen en los demás; esta es la base de la empatía.

Hacer que las disculpas sinceras formen parte de la cultura familiar es una de las mejores maneras de crear un ambiente de confianza, tolerancia y seguridad. Cuando tu hijo comprenda que estás de su lado, serás capaz de afrontar cualquier conflicto o malentendido que la vida te depare. La próxima vez que cometas un error, recuerda que una disculpa genuina, llena de sinceridad y comprensión, puede marcar una gran diferencia para tu hijo.

La Historia De Laura Y Mia

Quiero presentarte a Laura y a su hija, Mia. Debido a su educación, Laura creció creyendo que no era necesario pedir perdón a los niños. Pensaba que los niños no recordaban ni entendían realmente los errores que los lastimaban. A menudo ignoraba los sentimientos de Mia y, cuando se disculpaba, optaba por un *«lo siento»* rápido y vacío.

Un sábado, Laura prometió llevar a Mia al parque después de ponerse al día con algunos correos electrónicos del trabajo. Laura se sentó frente a su computadora y perdió la noción del tiempo. Cuando Mia le recordó con entusiasmo sus planes, Laura la ignoró con un rápido *«Lo siento, tal vez la próxima vez»*, sin siquiera levantar la vista de su computadora portátil. La emoción en el rostro de Mia desapareció, pero Laura, atrapada en su trabajo, ni siquiera lo notó.

Esa noche, Mia casi no habló durante la cena. Laura, confundida y preocupada, le preguntó qué tenía. Con lágrimas en los ojos, Mia dijo: *«Siempre dices que iremos al parque, pero nunca lo hacemos. Siento que no te importa pasar tiempo conmigo»*. El primer instinto de Laura fue reaccionar a la defensiva, pero vio el dolor en los ojos de Mia. No había prestado atención a sus desaires, pero estaba claro que estaban haciendo daño a su hija.

Después de que Mia se fuera a acostar, Laura reflexionó sobre cómo a menudo anteponía otras prioridades a su hija. Decidida a hacer las cosas bien, decidió abordar sus errores y cambiar de verdad. A la mañana siguiente, se sentó con Mia y se disculpó sinceramente. «*Mia, siento no haberte llevado al parque ayer*», empezó. «*Sé que lo he hecho antes y no es justo para ti. Prometo que lo haré mejor, y realmente lamento haberte decepcionado. Me encantaría llevarte al parque hoy, ¡vamos a vestirnos!*» Mia estaba sorprendida y desconfiada, pero vio la sinceridad en los ojos de su madre. Asintió, aceptando la disculpa con una sonrisa esperanzada.

A partir de entonces, Laura hizo un esfuerzo consciente por cumplir sus promesas y disculparse de verdad cada vez que se equivocaba. Con su apretada agenda y su costumbre de desatender sus obligaciones, esto no siempre fue fácil. Para ayudarse a mantenerse en el buen camino, empezó a poner recordatorios y a planificar activamente actividades con Mia para demostrar que valía la pena el tiempo que pasaban juntas. Con consistencia y compromiso para mantener su palabra, estableció una relación abierta y de confianza con su hija.

Ayudar a tu hijo a pedir disculpas

Al igual que tú, tu hijo puede aprender a decir «lo siento» cuando ha hecho algo mal. Una buena forma de que se anime a hacerlo es que tú mismo le des ejemplo con disculpas sinceras. Cuando tu hijo te ve intentando arreglar las cosas, aprende que es importante que él haga lo mismo.

Imagina que tu hijo rompe accidentalmente el juguete de un amigo. En lugar de regañarlo, puedes decirle con delicadeza: «*Sé que fue un accidente, pero sería amable que te disculparas con tu amigo. Decir «lo siento» demuestra que te preocupas por sus sentimientos».*

Asegúrate de explicar que las palabras *«lo siento»* no son la parte más importante de una disculpa, sino que se trata de que realmente lo sientas.

Al disculparte de verdad y animar a tu hijo a hacer lo mismo, le ayudas a convertirse en una persona considerada y solidaria. Esta es una habilidad que asegurará que sea amable y responsable en todas sus relaciones.

Tiempo De Calma

Reflexionando sobre el pasado y el presente

1. Cuando eras niño(a), ¿cómo reaccionaban tus padres cuando cometían un error? ¿Se disculpaban o lo ignoraban?

2. ¿Crees que es importante que los padres se disculpen con sus hijos? ¿Por qué sí o por qué no?

Aprender de las disculpas

1. Piensa en la última vez que te disculpaste con tu hijo. ¿Cuál era la situación? ¿Cómo te disculpaste y cómo respondió tu hijo?

2. ¿Qué han aprendido tú y tu hijo con esta experiencia sobre los errores y el perdón? Esta experiencia, les ha unido más o ha ayudado a tu hijo a entender algo nuevo?

Abordar disculpas omitidas

1. Piensa en una ocasión en la que cometiste un error pero no te disculpaste con tu hijo. Quizá te perdiste un evento o dijiste algo desagradable. ¿Cómo podrían haberte ayudado unas disculpas en ese momento?

2. ¿Qué puedes hacer ahora para compensar el momento en el que no te disculpaste? ¿Hay alguna forma de reparar la relación y demostrarle a tu hijo que lo sientes?

Escenario 1: Evento perdido

- **Situación**: Prometiste a tu hijo que irías a ver la obra de teatro de la escuela, pero no pudiste por una emergencia en el trabajo.

- **Tus reacciones**: ¿Cómo te sentiste cuando te diste cuenta de que te habías perdido de la obra? ¿Cómo crees que se sintió tu hijo?

- **Frase para probar**: «*Siento mucho no haber podido ir a tu obra de teatro esta noche. Sé que era importante para ti y quería estar allí. Elijamos un día especial de este fin de semana para pasar juntos, solo nosotros dos. ¿Qué te gustaría hacer?*».

Escenario 2: Acusación falsa

- **Situación**: Regañaste a tu hijo por romper un jarrón, pero luego descubriste que fue el perro.

- **Tus reacciones**: ¿Cómo reaccionaste cuando te enteraste de que tu hijo no había roto el jarrón? ¿Cómo se sintió tu hijo al ser acusado injustamente?

- **Frase para probar**: «*Te debo una disculpa. Descubrí que no fuiste tú quien rompió el jarrón y lamento haberte acusado. Debí haberte preguntado en lugar de suponer; prometo confiar más en ti la próxima vez. Gracias por ser comprensivo*».

Escenario 3: Exageración

- **Situación**: Reaccionaste de forma exagerada y alzaste la voz cuando tu hijo no hizo las tareas a tiempo.

- **Tus reacciones**: ¿Qué te llevó a reaccionar de forma exagerada por las tareas? ¿Cómo se sintió tu hijo después del incidente?

- **Frase para probar**: *«Siento haberme molestado tanto por lo de tus tareas. Son importantes, pero no debería haberte gritado. Vamos a elaborar un horario juntos para que las cosas te resulten menos abrumadoras. ¿Qué te parece si revisamos tu plan de tareas todos los domingos por la noche?».*

Plantillas Para Disculpas Familiares

- «Siento [*acción específica*]. Entiendo que te molestara. ¿Cómo puedo ayudarnos a seguir adelante?»

- «Cometí un error al [*acción específica*]. Lo siento mucho. Hablemos de cómo arreglar las cosas».

- «Te pido disculpas por [*acción específica*]. No era mi intención lastimarte. ¿Puedes decirme cómo te sientes?»

- «Ahora me doy cuenta de que me equivoqué al [*acción específica*]. Siento el dolor que te causé. ¿Qué puedo hacer para compensártelo?».

- «Siento no haber entendido tus sentimientos temprano. Quiero aprender y mejorar. ¿Podemos hablar más sobre esto?».

- «Lamento [*acción específica*] y cómo te ha afectado. Me comprometo a hacerlo mejor. ¿Podemos trabajar en esto juntos?».

- «Siento haberme perdido [*evento o acción específica*]. Quiero que sepas cuánto me preocupo por ti. ¿Podemos planear otra actividad para hacer juntos?».

- «Te debo una disculpa por [*acción específica*]. No estuvo bien. Quiero escucharte y encontrar la manera de cambiar».

Reflexiones finales

Una disculpa sincera es como un hechizo mágico que genera confianza y le muestra a tu pequeño que todos cometemos errores; lo que importa es cómo aprendemos de ellos. Un «lo siento» sincero y la promesa de cambiar pueden marcar una gran diferencia para un niño lastimado, al mismo tiempo que le enseñan el valor de la humildad y la compasión.

CAPÍTULO 7
ENSÉÑAME GENTILMENTE

"La paz no es la ausencia de conflicto, sino la capacidad de manejar el conflicto por medios pacíficos.." —Ronald Reagan

El castigo físico me duele y me confunde. ¡De verdad trato de portarme bien! Por favor, usa palabras en lugar de las manos para enseñarme. Cuando me hablas con cariño, es como un abrazo para mis oídos. Así aprendo sin miedo ni dolor.

Todo el mundo sabe que pegar duele, pero el dolor que puede causar va mucho más allá de la piel; este tipo de castigo rompe la confianza de los niños, haciéndolos sentir confundidos y asustados. En este capítulo, aprenderemos todo sobre los peligros del castigo físico y cómo disciplinar con compasión sin él. Al utilizar el refuerzo positivo y centrarse en la comunicación, crearás un ambiente en casa que favorezca el bienestar emocional de tu hijo, promoviendo de forma natural un comportamiento saludable.

Replantearse la disciplina

¿A veces reaccionas con ganas de pegar cuando tu hijo se porta mal o comete un error? Es momento de cambiar ese enfoque. Pensemos en la fábula de Esopo, *El viento del norte y el sol*. En la historia, ambos compiten para lograr que un viajero se quite el abrigo. Los enérgicos intentos del viento del norte de arrancar el abrigo del viajero con ráfagas heladas solo consiguen que se agarre a él con más fuerza. El Sol, sin embargo, elige un método pacífico, iluminando al viajero con cálidos rayos. El viajero se siente lo suficientemente cómodo como para abrirse e inmediatamente se quita el abrigo. Esta historia nos enseña una gran lección sobre la disciplina: un enfoque suave suele ser más efectivo que la fuerza.

La fuerza puede detener brevemente un comportamiento no deseado debido al miedo y al dolor que causa. Pero no aborda la causa raíz ni enseña por qué el comportamiento fue incorrecto. En lugar de mejorar el comportamiento a largo plazo, causa miedo, confusión y resentimiento. Con el tiempo, los niños que son castigados físicamente pueden desarrollar ansiedad, depresión e incluso un comportamiento agresivo.

Piénsalo desde la perspectiva de un adulto: ¿qué pasaría si tu jefe golpeara el escritorio con las manos furioso porque cometiste un error en el trabajo? Es poco probable que te sintieras arrepentido de lo que hiciste; probablemente te sentirías frustrado y perturbado por el arrebato. Los niños sienten lo mismo cuando se enfrentan a un comportamiento agresivo.

Puede ser difícil cambiar tu forma de pensar si te criaste en un hogar donde el castigo físico era la norma, pero hay mejores alternativas que pueden hacer de tu hogar un lugar más pacífico y ordenado. Una de ellas es la comunicación clara y civilizada. En lugar de golpear, usa palabras para explicar por qué un comportamiento es inaceptable y habla con tu hijo sobre cómo afrontar mejor lo que siente. Esto le ayuda a comprender las consecuencias con delicadeza y aumenta su capacidad para manejar sus emociones. El refuerzo positivo, como elogiar a tu pequeño cuando sigue las reglas, también es una excelente manera de fomentar el buen comportamiento. El objetivo es enseñarle a tu hijo que es amado y respetado, incluso cuando comete errores.

Demuéstrale a tu hijo que las lecciones se pueden aprender sin dolor ni miedo, y lo verás florecer a medida que aprende valiosas habilidades para la vida. Toda tu familia disfrutará de la paz y la comodidad de un hogar libre de intimidación o fuerza. Piensa de manera diferente, disciplina de manera diferente. Tu precioso se lo merece.

¿Te estás perdiendo los momentos de aprendizaje?

Cuando estás enojado, es fácil tener una visión de túnel y perder valiosos momentos de enseñanza que pueden ayudar a tu hijo a crecer. La ira puede nublar tu juicio, cegándote ante las oportunidades de explicar, guiar y enseñar.

Imagina que tu hijo derrama el jugo de uva en la alfombra. En el calor del momento, tu instinto puede ser gritar y estirar la mano para golpearlo. Pero si respiras hondo, te calmas e identificas el momento de enseñanza, te darás cuenta de que este desliz es una oportunidad para explicar por qué es importante tener cuidado con las bebidas. A continuación, puedes hacer que se involucren en la limpieza del desastre. Acabas de convertir un percance frustrante en una lección sobre precaución, responsabilidad y consecuencias. ¡Y lo hiciste todo sin miedo ni dolor!

Cuando tu hijo cometa un error y estés tentado a arremeter contra él, cambia el guion y aprovecha la oportunidad para crear un momento de enseñanza. Para que un momento de enseñanza sea eficaz, debes mantener la cabeza fría, así que tómate un segundo para calmarte. A continuación, explícale por qué el comportamiento de tu hijo es inaceptable y habla con él sobre mejores opciones para el futuro. Esto le ayudará a aprender de sus errores y será menos probable que repita el mismo comportamiento.

La próxima vez que sientas que la ira está a punto de estallar, haz una pausa. Pregúntate si hay un momento de aprendizaje oculto bajo la superficie. Al centrarte en la educación en lugar del castigo, creas un entorno de apoyo en el que tu hijo puede crecer y aprender. Aprovecha estos momentos: son oportunidades para generar confianza y comprensión. Te sorprenderá ver cómo mejora el comportamiento de tu hijo con el tiempo.

La Historia De Tim

Tim creció creyendo que el castigo físico era necesario para criar a los niños. En su hogar, pegar era la norma, y sus padres solían golpearlo cuando hacía algo mal. Tim repitió ese mismo patrón con sus propios hijos, convencido de que era la manera correcta de educarlos, pensando que el «amor duro» era lo mejor. Sin embargo, algo no le parecía bien del miedo en sus ojos cuando sabían que se avecinaba un castigo. Fue entonces cuando empezó a cuestionar su propia infancia.

Recordó cómo se sentía después de que sus padres lo castigaban físicamente: ¿los golpes realmente lo ayudaban a aprender de sus errores o solo lo hacían sentirse más resentido y rebelde? Todo lo que podía recordar era miedo, ira e injusticia. Si pudiera volver atrás en el tiempo, ¿preferiría que sus padres lo castigaran con dureza o que le explicaran sus errores con calma y comprensión?

Reflexionando en estas preguntas, Tim decidió cambiar su manera de criar a sus hijos. Comprendió que el castigo físico suele ser una reacción impulsiva de los padres, más que un verdadero deseo de educar. Esto está lejos de ser un momento de enseñanza. Este concepto que aprendió es crucial para una crianza efectiva.

Un día, su hija rompió accidentalmente un jarrón. En vez de reaccionar con enojo, Tim respiró hondo y habló con ella con calma. Le explicó por qué el jarrón era importante y cómo evitar accidentes en el futuro. Luego, la invitó a ayudar con la limpieza. Esto ayudó a su hija a entender su error y asumir las consecuencias sin miedo ni resentimiento.

Con el tiempo, Tim notó que en su hogar reinaba un ambiente más ligero. Sus hijos empezaron a abrirse más, compartiendo sus pensamientos y sentimientos sin miedo, lo que los acercó aún más como familia. Al centrarse en los momentos de enseñanza y en la comunicación clara, Tim generó confianza y respeto mutuo que mejoró el comportamiento de sus hijos.

Tiempo De Calma

Reflexionando sobre el pasado y el presente

1. ¿Tus padres te castigaban físicamente cuando eras pequeño? ¿Cómo te sentías en ese momento? ¿Era necesario?

2. ¿Cómo ha influido tu experiencia con el castigo físico durante la infancia en la forma en que disciplinas a tus propios hijos? ¿Notas alguna similitud o diferencia?

3. ¿Reaccionas físicamente cuando tu hijo se porta mal? ¿Qué tiende a desencadenar esta respuesta y cómo te sientes al respecto?

Comprender el impacto

1. ¿Qué efectos emocionales o psicológicos crees que el castigo físico podría tener en tu hijo? ¿Cómo podría influir en su comportamiento o actitud a largo plazo?

2. ¿Has notado cambios en el comportamiento de tu hijo que podrían estar relacionados con el castigo físico? Si es así, ¿cuáles son esos cambios?

3. ¿Cómo responde tu hijo cuando utilizas el refuerzo positivo en lugar del castigo físico? ¿Qué diferencias ves en su comportamiento?

4. Enumera algunas estrategias alternativas que podrías utilizar en lugar del castigo físico. ¿Cómo podrías aplicarlas en situaciones futuras?

Fomentar un comportamiento positivo

1. Identifica tres técnicas de refuerzo positivo que puedas utilizar para fomentar el buen comportamiento de tu hijo.

2. ¿Cómo puedes modelar técnicas de disciplina no física para enseñar a tu hijo a manejar conflictos o frustraciones? ¿Qué ejemplos puedes utilizar?

Reconocer los momentos de enseñanza

1. Piensa en una ocasión reciente en la que tu hijo se portó mal. ¿Aprovechaste la oportunidad para explicarle por qué su comportamiento estaba mal? ¿Cómo lo manejaste?

2. ¿Con qué frecuencia dejas pasar momentos de aprendizaje debido a reacciones emocionales o impulsivas? ¿Cómo puedes cambiar este patrón y ser más consciente?

3. Piensa en un momento de enseñanza que hayas manejado bien. ¿Qué hiciste y cómo respondió tu hijo? ¿Cómo puedes utilizar este enfoque con más frecuencia?

Paso 1: Identificar escenarios frustrantes

Piensa en situaciones que a menudo conducen a la frustración o al conflicto en tu hogar, que te hacen sentir tentado a reaccionar físicamente. Escribe tres o cuatro de estos escenarios comunes.

Por ejemplo:

- Escenario 1: Tu hijo derrama jugo en la alfombra después de que se le dijo que tuviera cuidado.

- Escenario 2: Las discusiones entre hermanos se convierten en empujones o golpes.

- Escenario 3: Tu hijo se niega a vestirse para ir a la escuela.

Paso 2: Anota tus factores desencadenantes.

Para cada situación, piensa en qué es lo que te provoca específicamente la frustración y escríbelo. Comprender estos desencadenantes te ayudará a manejar tus reacciones de manera más eficaz.

Por ejemplo:

- Escenario 1 - Desencadenante: Sentirse frustrado por el desorden y el trabajo extra.

- Escenario 2 - Desencadenante: Preocupación por las lesiones y las discusiones.

- Escenario 3 - Desencadenante: Estrés por las prisas de la mañana.

Paso 3: Planifica respuestas positivas

Ahora, para cada situación, piensa y escribe dos formas positivas y no físicas en las que puedes responder a la situación. Céntrate en acciones tranquilas y constructivas que enseñen a tu hijo sin causar miedo.

Por ejemplo:

- Escenario 1 - Respuesta positiva: Respira hondo, explica con calma por qué se producen los derrames e involucra a tu hijo en la limpieza. Aprovecha el momento para enseñarle a tener cuidado y elogiar su ayuda en la limpieza.

- Escenario 2 - Respuesta positiva: Separa a los hermanos, dales un momento para que se calmen y luego habla con ellos sobre el conflicto. Establece un período de «enfriamiento» y habla sobre cómo expresar los sentimientos sin golpear.

- Escenario 3 - Respuesta positiva: Ofrece a tu hijo opciones, como elegir entre dos conjuntos, para que tenga la sensación de tener el control. Utiliza el refuerzo positivo elogiándolo cuando siga las instrucciones rápidamente.

Paso 4: Implementa y reflexiona

Durante la próxima semana, practica estas respuestas positivas cuando surjan situaciones frustrantes. Al final de la semana, tómate un momento para reflexionar sobre cómo fueron las cosas. ¿Notaste algún cambio en el comportamiento de tu hijo o en tus reacciones? Escribe tus observaciones para dar seguimiento a tu progreso.

Recordatorios amables: Manos amables, palabras

- «Las manos son para ayudar, no para herir».

- «Utilicemos nuestras palabras para expresar sentimientos, no nuestras manos».
- «Es importante tratar a todos con amabilidad y respeto».
- «Resolvemos los problemas hablando, no pegando».
- «Todo el mundo merece sentirse seguro y querido».
- "Si estás enojado, respira hondo y explica lo que te molesta".
- «Pegar hace daño a los demás y no resuelve los problemas».
- «Entiendo que estés enfadado, pero no utilizamos las manos para demostrarlo».
- «Busquemos una forma tranquila de hablar de lo que te molesta».
- «Mostramos amor y respeto manteniendo las manos quietas».

Reflexiones finales

Puede ser un reto replantear una mentalidad que has tenido desde la infancia, pero se lo debes a tu pequeño. Al cambiar el castigo físico por una disciplina coherente, justa y suave, le enseñas respeto y responsabilidad. Dejar la fuerza y la intimidación en el pasado, donde pertenecen, ayudará a tu hijo a convertirse en el mejor adulto que pueda ser.

CAPÍTULO 8

ZONA LIBRE DE GRITOS

«Eleva tus palabras, no tu voz. Es la lluvia la que hace crecer las flores, no el trueno». —Rumi

Los gritos me asustan y me hacen sentir perdido, como si no tuviera dónde ir. Son como un trueno dentro de casa, y solo quiero esconderme. De verdad intento escuchar y portarme bien. te lo prometo. Por favor, usa palabras amables; así puedo entender y aprender sin miedo.

¿Crees que gritar es la mejor manera de captar rápidamente la atención de tu hijo? ¡Piénsalo de nuevo! En este capítulo, hablaremos de los efectos negativos de los gritos en los niños y de por qué es tan importante utilizar en su lugar una comunicación tranquila y amable. Gritar causa miedo y confusión, lo que conduce al estrés y al mal comportamiento. Si te centras en una comunicación relajada y positiva, puedes crear un ambiente familiar de apoyo y paz.

Evitar la frustración

Las luchas de poder no son buenas para nadie. Si te das cuenta de que levantas la voz con frustración porque tu hijo no sigue tus instrucciones, prueba a darle opciones en lugar de órdenes. Esto le dará una sensación de control y lo hará más propenso a cooperar.

Así es como se ve: Digamos que estás vistiendo a tu pequeño para ir a la escuela. Convencerlo de que se ponga la chaqueta antes de salir a la calle a menudo resulta en resistencia y frustración. Hoy, en lugar de exigirle que se ponga la chaqueta, intenta preguntarle: «*¿Quieres ponerte la chaqueta azul o la roja hoy?*». Con una simple pregunta, cambias el enfoque de la conformidad o la negativa a la toma de decisiones, permitiendo que tu hijo se sienta involucrado y respetado.

Haz que las opciones sean sencillas y positivas (¡y asegúrate de que todos los resultados te satisfagan!). Si es hora de recoger los juguetes, en lugar de decir: «*Recoge tus juguetes ahora*», prueba con: «*¿Quieres guardar primero los bloques o los coches?*». De esta manera, tu hijo tiene una sensación de control, lo que hace que la tarea parezca más manejable y menos exigente.

Como la mayoría de las cosas, descubrirás que la coherencia es la clave de esta táctica. Ofrecer opciones con regularidad ayuda a los niños a comprender que la cooperación conduce a resultados gratificantes. Puedes incorporar fácilmente este método en tu rutina diaria. Por ejemplo, cada mañana, puedes preguntar: «*¿Quieres vestirte o lavarte los dientes primero?*». Si sigues así, tu hijo empezará a anticipar este patrón y a responder más rápidamente. Con el tiempo, aprenderá que escuchar y seguir instrucciones puede ser una experiencia positiva en lugar de negativa.

Cómo conectar con tu hijo

Los niños escuchan mejor cuando se sienten conectados y amados por sus padres. Si tu hijo siente que hay un vínculo fuerte contigo, será más probable que coopere y siga instrucciones, reduciendo la necesidad de gritar. Pero recuerda: no esperes que tu hijo acorte la distancia; como padre, es tu responsabilidad conectar con él.

Establecer una relación sólida y de confianza con tu hijo sienta las bases para su bienestar emocional y psicológico. A continuación, te presentamos algunas estrategias prácticas para profundizar en su conexión:

Empieza el día con calidez

Las mañanas marcan la pauta de todo el día, ¡así que haz que sean positivas! Despertarse con una cálida sonrisa y un saludo alegre puede empezar bien el día, haciendo que tu hijo se sienta querido y seguro. Un abrazo cariñoso, una sonrisa afectuosa y una frase como «*¡Buenos días, cariño! ¿Listo para un gran día?*» pueden levantar su ánimo y alegrarles todo el día.

Involucra, anima y aprecia

Puede que te sorprenda, pero una buena forma de reforzar la importancia de tu hijo en la familia es involucrarlo en las tareas diarias. Esto ayuda a recordarles que sus contribuciones son importantes y también les enseña a ser responsables. Cuando tu pequeño ayude a poner la mesa o a recoger sus juguetes, reconoce su esfuerzo con un entusiasta: «*Realmente aprecio tu ayuda, ¡has hecho un trabajo fantástico!*». Cuando los llenas de elogios, les demuestras que notas y valoras sus esfuerzos. Al involucrar a tu hijo en tareas apropiadas para su edad, también le inculcas un sentido de logro y trabajo en equipo.

Comunícate con amabilidad

La disciplina es una parte necesaria de la crianza de los hijos, pero la forma en que se hace es importante. En lugar de usar palabras duras, habla con un tono firme pero amable y explica las razones detrás de las reglas. Si descubres a tu pequeño garabateando en la pared, dile con calma: «*Dibujamos en papel, no en las paredes. Dibujar en las paredes puede dañar nuestra casa, y entonces tenemos que pasar nuestro tiempo libre limpiando en lugar de jugar. Limpiemos esto juntos y busquemos papel para tu obra de arte*». Cuando explicas con calma en lugar de gritar, les ayudas a entender la lección sin que se sientan heridos o confundidos. Este enfoque también enseña respeto y responsabilidad.

Haz que las comidas sean memorables

Las comidas son una gran oportunidad para crear vínculos con tu hijo. Deshazte de distracciones como la televisión y los teléfonos, y aprovecha estos momentos para compartir historias, hablar de tu día y escuchar las experiencias de tu hijo. Haz preguntas abiertas como: «¿*Qué fue lo mejor de tu día?*» o «¿*Pasó algo gracioso en la escuela?*». Haz de las comidas familiares una prioridad para crear un sentido de unión y fortalecer el vínculo familiar. Fomentarás la comunicación abierta y crearás recuerdos que durarán toda la vida.

Empezar y terminar con una nota positiva

¡Empieza el día escolar con una despedida positiva! Una sonrisa y un abrazo pueden darle a tu hijo la motivación que necesita para afrontar el día. Di algo alentador como: «*Hoy lo vas a hacer genial—quiero que me cuentes todo*». Cuando termine el día escolar, saluda a tu hijo con cariño para recordarle que es parte de la familia. Un alegre «*¡Bienvenido de regreso! ¡Cuéntame todo sobre tu día!*» demuestra que realmente te importan sus experiencias y sentimientos.

Crea rutinas relajantes para la hora de dormir

Termina el día con una nota feliz con una relajante rutina a la hora de dormir. Léele un cuento, hablen tranquilamente o simplemente disfruten de un abrazo juntos. Haz que la hora de dormir sea un momento que tu hijo espere con ilusión dejándole elegir una actividad relajante: «*¿Te gustaría que leyéramos un libro juntos o hablar de nuestras cosas favoritas del día antes de dormir? ¡Tengo* *muchas ganas de que nos relajemos juntos!*». Estas rutinas hacen que la hora de dormir sea una parte entrañable y tranquila del día, proporcionando consuelo y una sensación de seguridad mientras tu pequeño se queda dormido.

 ## La Historia De Lisa Y Emma

Lisa solía gritar cuando su enérgica hija, Emma, no la escuchaba. Sus mañanas eran caóticas, llenas de llantos y frustración. Un día, Emma hizo un berrinche porque no quería vestirse. Lisa, cansada, levantó la voz con enojo, y Emma respondió llorando aún más fuerte. Sintiéndose derrotada y desesperada, Lisa sabía que esto no era sostenible. Algo tenía que cambiar.

Ese día, Lisa le contó a una amiga sus dificultades. Le sugirió una estrategia que había funcionado con sus hijos: el concepto de dar opciones. Lisa se preguntaba si algo tan simple podría realmente marcar la diferencia, pero decidió que no tenía nada que perder probándolo. A la mañana siguiente, en lugar de ordenar a Emma que se preparara, Lisa le ofreció amablemente una opción. «*¿Quieres lavarte los dientes antes o después de vestirte?*», le preguntó. Emma, que normalmente se resistía a cada paso de la rutina matutina, pareció sorprendida. Se detuvo un momento y luego decidió lavarse los dientes primero.

Para sorpresa de Lisa, este pequeño cambio hizo que la carrera matutina fuera mucho más fluida. Emma se sintió empoderada al poder opinar sobre su rutina, y Lisa notó una reducción inmediata de la resistencia. Animada por este éxito, Lisa empezó a incorporar opciones en otras partes del día. En lugar de exigir: «Recoge tus juguetes ahora», preguntaba: «*¿Quieres recoger primero los bloques o los peluches?*». Poco a poco, Emma empezó a responder de forma más positiva a las peticiones, y las luchas de poder que antes dominaban sus vidas empezaron a desvanecerse. Lisa no podía creerlo cuando se dio cuenta de que había pasado una semana entera sin levantar la voz a su hija.

No fue una solución instantánea, y hubo días en los que los viejos hábitos volvieron a aparecer. Lisa tuvo que recordarse a sí misma que debía mantener la calma y ofrecer opciones. Con constancia y paciencia, su hogar pasó de ser caótico a ser tranquilo. Emma se volvió más cooperativa y adaptable, y la reducción de la frustración permitió a Lisa sentir una conexión más fuerte con su hija. Las mañanas, que antes eran un campo de batalla, se convirtieron en una rutina fluida llena de trabajo en equipo y sonrisas compartidas.

A veces, la clave para mejorar la comunicación y reducir el estrés es tan simple como dar una opción. Este pequeño cambio ayudó a Lisa a manejar su frustración y empoderó a su hija para tomar decisiones, creando un ambiente de armonía y respeto.

Tiempo De Calma

Reflexionando sobre el pasado y el presente

1. ¿Por qué se enojaban tus padres cuando eras niño? ¿Con qué frecuencia alzaban la voz?

2. ¿Sus gritos te hicieron sentir alguna vez como si fueras un niño malo? ¿Cómo afectó esto a tu autoestima?

3. ¿Hubo algo de la disciplina de tus padres que apreciaras o entendieras, a pesar de su enojo?

4. ¿Cómo te hubiera gustado que tus padres hubieran manejado su coraje? En retrospectiva, ¿crees que sus reacciones fueron razonables?

5. ¿Qué influencia crees que han tenido tus experiencias infantiles en tu paciencia como padre? ¿Notas similitudes en cómo reaccionas ante la frustración?

Identificar los desencadenantes y manejar las reacciones

1. ¿Cuáles son las situaciones comunes que te llevan a levantar la voz a tu hijo? ¿Cómo te afectan estas situaciones emocional y físicamente?

2. ¿Cómo puedes controlar tus reacciones de manera diferente en el calor del momento? Piensa en estrategias específicas que puedas utilizar para mantener la calma.

3. Recuerda una ocasión reciente en la que le gritaste a tu hijo. ¿Cómo reaccionó inmediatamente y después? ¿Cómo te sentiste y qué te gustaría cambiar la próxima vez?

Desarrollar respuestas tranquilizadoras

1. Crea un plan para responder con calma cuando sientas la tentación de gritar. Esto podría incluir respirar profundamente, hacer una pausa o practicar un diálogo interno positivo.

2. ¿Cómo puedes utilizar el refuerzo positivo para fomentar el buen comportamiento en tu hijo? ¿Qué técnica puedes empezar a utilizar hoy mismo?

3. ¿Qué métodos puedes enseñarle a tu hijo para manejar los conflictos y las frustraciones sin gritar? ¿Cómo puedes modelar estos comportamientos?

 actividad: Practicar Declaraciones Con "Yo"

Es fácil caer en el hábito de culpar a tus hijos con frases como: «Siempre me molestas», «Me sacas de quicio» o «No tienes control». En lugar de culparlos, concéntrate en expresar cómo te sientes y qué quieres. Las afirmaciones en primera persona reducen el conflicto al ayudarte a comunicar tus emociones de manera clara y efectiva sin poner a tu hijo a la defensiva.

Llevar un diario puede ser una forma estupenda de hacer un seguimiento de tu progreso a medida que practicas las afirmaciones en primera persona. Cada vez que uses con éxito una afirmación en primera persona, anótala. Reflexiona sobre la situación, cómo la manejaste y cómo respondió tu hijo. Con el tiempo, este diario te ayudará a ver patrones, reconocer tu crecimiento e identificar áreas en las que puedes mejorar. Es una forma estupenda de mantener la motivación y la atención mientras trabajas para crear un hogar más tranquilo.

Aquí tienes algunos ejemplos para ayudarte a practicar:

Situación 1: Tu hijo deja sus juguetes desparramados por todo el suelo.

- **Reacción típica**: *«¿Por qué siempre haces un desastre? ¡Nunca limpias lo que ensucias!»*

- **Respuesta mejorada**: *«Me siento frustrada cuando los juguetes se quedan fuera porque quiero que nuestra casa esté ordenada».*

Situación 2: Tu hijo no te escucha cuando le pides que haga algo.

- **Reacción típica**: *«¡Nunca me escuchas! ¡Haz lo que te digo ahora mismo!»*

- **Respuesta mejorada**: *«Me molesta tener que repetirlo todo porque me hace sentir que me ignoran».*

Situación 3: Tu hijo está discutiendo con su hermano.

- **Reacción típica**: «¡*Dejen de pelear! ¡Me están volviendo loco(a)!*»

- **Respuesta mejorada**: «*Me siento frustado(a) cuando ustedes dos discuten porque quiero que se lleven bien y sean felices*».

Situación 4:

- **Reacción típica**: «¡*Qué quisquilloso eres! ¿Por qué no te puedes comer lo que hay en el plato?*».

- **Respuesta mejorada**: «*Me siento decepcionado(a) cuando no te comes la comida que he preparado porque quiero que crezcas fuerte y sano*».

Situación 5: Tu hijo tarda demasiado en alistarse por la mañana.

- **Reacción típica**: «¡*Date prisa! ¡Vamos a llegar tarde por tu culpa!*»

- **Respuesta mejorada**: «*Me estreso cuando llegamos tarde porque quiero que lleguemos a tiempo*».

Nota: *Las afirmaciones con «yo» suelen ayudar a reducir la actitud defensiva y promover una comunicación clara, pero cada niño es diferente; a algunos niños puede angustiarles el lenguaje directo. Si tu hijo reacciona negativamente, primero puedes ofrecerle consuelo físico, como un fuerte abrazo, para tranquilizarle de inmediato y ayudarle a sentirse seguro. Luego, sé flexible y adapta tu enfoque en función de las necesidades y respuestas individuales de tu hijo.*

Auto-recordatorios para padres para evitar los gritos

- «Hablaré en voz baja para dar buen ejemplo».
- «Escucharé más y levantaré menos la voz».

- «Mantener la calma me ayudará a entender y a que me entiendan».
- «Gritar no resuelve los problemas; la paciencia y las palabras sí».
- «Elijo expresar mis sentimientos sin gritar».
- «Mi voz tranquila puede crear un hogar pacífico».
- «Antes de hablar, respiraré hondo».
- «Estoy aquí para guiar, no para intimidar. Resolvamos esto juntos».
- «Utilizar un tono suave fomenta la confianza y el respeto».
- «Manteniendo la calma, puedo enseñar a mi hijo a manejar el estrés».

Reflexiones finales

La transición a un estilo de crianza sin gritos no se producirá de la noche a la mañana; requiere tiempo y esfuerzo. Pero con atención, determinación y un enfoque en la comunicación respetuosa, puedes construir una conexión fuerte y amorosa con tu hijo. Comprende tus desencadenantes, practica respuestas tranquilas y utiliza afirmaciones en primera persona para comunicarte con claridad. Con práctica y paciencia, puedes hacer de tu hogar un espacio seguro libre de palabras desagradables e intimidantes.

CAPÍTULO 9

QUITA LAS ETIQUETAS

«Las etiquetas son para los frascos, no para las personas».
— Autor desconocido

Cuando me ponen etiquetas como 'tímido', 'quisquilloso con la comida' o 'niño difícil', siento que estoy atrapado en ellas y que no puedo cambiar ni mejorar. Quiero que me vean por todas las cosas geniales que puedo hacer, así que por favor no pongas límites a mi potencial. Descubramos juntos mis puntos fuertes, sin que ninguna etiqueta nos frene.

Cuando etiquetas a tu hijo, creas una trampa pegajosa que lo encierra en esa identidad. En este capítulo, hablaremos de por qué es tan importante evitar las etiquetas y centrarse en celebrar la individualidad de tu pequeño. Las etiquetas pueden limitar la autopercepción de los niños y obstaculizar su crecimiento. Aprendamos cómo enfatizar sus fortalezas y rasgos positivos puede ayudarlos a construir una imagen sana de sí mismos.

Elige tus palabras sabiamente

¡Tus palabras tienen poder! Si etiquetas a tu hijo como 'egoísta', 'perezoso' o 'difícil', esas palabras pueden quedarse en su mente y hacer que termine viéndose a sí mismo de esa manera. Este poder funciona en ambos sentidos: ser etiquetado como un *«padre enojado»* puede hacer que te veas a ti mismo de esa manera, pero ser reconocido por tu comprensión o compasión puede reforzar esos rasgos. Las palabras no desaparecen después de decirlas, pueden echar raíces y brotar. El uso de un lenguaje positivo y alentador puede ayudar a tu hijo a convertirse en una persona segura de sí misma, mientras que las etiquetas negativas pueden conducir a una baja autoestima y a la duda.

Cuando etiquetas a tu hijo, moldeas la forma en que se ve a sí mismo, aunque no sea tu intención. Presta atención también a los apodos que le pones a tu pequeño. Incluso los apodos bien intencionados que los padres consideran bonitos pueden ser hirientes para los niños, dañar su autoestima y provocar un diálogo interno negativo. Llamar cariñosamente a tu hijo *«miedoso»* o *«llorón»* puede parecer inofensivo, pero apodos como estos pueden causar los mismos problemas que las etiquetas. Las etiquetas y los apodos pueden crear profecías autocumplidas en las que los niños empiezan a creer y a actuar de acuerdo con ellas.

Consideremos la perspectiva de un adulto. En el lugar de trabajo, si te etiquetan como un trabajador exitoso y dedicado, probablemente te sentirás motivado para mantener el buen rendimiento. Pero si te etiquetan como lento o poco fiable, podrías perder la motivación por completo, pensando: «*Todo el mundo ya sabe que soy lento, así que, ¿para qué molestarse?*». Las etiquetas pueden asignar identidades fijas, creando expectativas y presiones y moldeando el comportamiento de manera poderosa. Los niños comparten la misma tendencia a actuar de acuerdo con las etiquetas, y los efectos pueden durar toda la vida.

Es importante recordar que tu hijo está en constante crecimiento, aprendizaje y evolución. Al enfocarte en sus fortalezas y en todas las cosas maravillosas que lo hacen único, puedes fomentar su crecimiento y desarrollo. En lugar de etiquetarlo, celebremos lo que lo hace especial y exploremos todo su potencial junto a él.

Ten cuidado con las etiquetas sin intención

¿Sabías que, a veces, incluso las etiquetas positivas como «*inteligente*» o «*talentoso*» pueden crear ansiedad en tu hijo? Aunque estas etiquetas pueden parecer cumplidos, pueden hacer que tu hijo se sienta presionado para estar siempre a la altura de esa expectativa. Por ejemplo, si a tu hijo siempre se le llama «el inteligente», puede que evite probar cosas nuevas porque teme fracasar y acabar decepcionándote a ti o a sí mismo.

Para evitarlo, deja de elogiar los rasgos fijos y elogia el esfuerzo y el progreso de tu hijo. En lugar de decir: «Eres muy inteligente», podrías decir: «*Estoy orgulloso de lo mucho que te has esforzado en ese proyecto*». Esto ayuda a tu hijo a entender que está bien probar cosas nuevas, cometer errores y crecer a partir de la experiencia. Fomentar una mentalidad de crecimiento les enseña que las habilidades se pueden desarrollar con esfuerzo y tiempo, ayudándoles a sentirse seguros al explorar nuevos retos.

La clave está en ser consciente de las palabras que usas; puedes apoyar el crecimiento de tu hijo sin limitarlo involuntariamente a una etiqueta específica. ¡Usa tu apoyo para ayudarle a desbloquear y explorar todo su potencial!

La Historia De María Y Alex

María se enfrentaba a una situación difícil con su hijo Alex, al que en el colegio tachaban de *«alborotador»*. Cada reunión con sus maestros parecía centrarse en su mal comportamiento. Con el paso del tiempo, Alex empezó a interiorizar esta etiqueta y a portarse mal con más frecuencia porque creía que era lo que se esperaba de él.

Un día, María fue a una reunión con los maestros y solo escuchó quejas sobre Alex. Se sintió frustrada e impotente. Esa noche, vio que Alex estaba encerrado en su habitación, con el ceño fruncido. María se acercó en silencio, se sentó junto a él y le puso una mano en el hombro. «*Algunas de esas cosas deben haber sido difíciles de escuchar*», dijo en voz baja. «*¿Podemos hablar de lo que sientes ahora?*». Alex se inclinó y confesó que sentía que todos lo veían como un alborotador. Aceptó la etiqueta y actuó como tal, ya que creía que era demasiado tarde para hacerles cambiar de opinión. María finalmente se dio cuenta del impacto negativo que esta etiqueta estaba teniendo en su hijo, y decidió tomar medidas.

Ella empezó abordando el problema con sus maestros, pidiéndoles que reconocieran y elogiaran las cualidades positivas de Alex en lugar de centrarse únicamente en sus malas acciones. No fue una tarea fácil —los viejos hábitos tardan en desaparecer— y fueron necesarias varias conversaciones para cambiar la mentalidad de los maestros. En casa, María se enfrentó a sus propias dificultades. Romper el ciclo de regañar constantemente a Alex era un reto, pero hizo un esfuerzo consciente por celebrar sus esfuerzos y progresos, por pequeños que fueran. María utilizaba elogios específicos como: *«Me he dado cuenta de lo mucho que te has esforzado hoy en tu tarea, ¡muy bien hecho!»* y *«Gracias por ayudar a poner la mesa, ha sido muy considerado»*.

Había días en los que Alex volvía a sus viejos comportamientos y María tenía ganas de rendirse. Pero siguió trabajando, sabiendo que el cambio no se produciría de la noche a la mañana. Poco a poco, el comportamiento de Alex empezó a mejorar. Empezó a verse a sí mismo de una manera más positiva, dándose cuenta de que no tenía por qué vivir con la etiqueta de *«alborotador»*.

El viaje no fue fácil, pero María cambió la narrativa centrándose en los atributos positivos de Alex en lugar de en su mal comportamiento. Al hacerlo, ayudó a su hijo a desarrollar una imagen más sana de sí mismo y patrones de comportamiento más positivos, transformando su autopercepción y su visión de la vida.

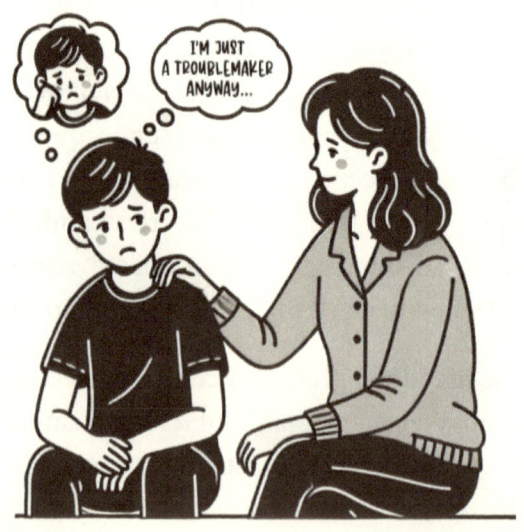

Tiempo De Calma

Reflexionando sobre el pasado y el presente

1. ¿Te pusieron alguna etiqueta de niño tus padres, hermanos u otras personas? ¿Cómo te hicieron sentir esas etiquetas?

2. ¿Las etiquetas que te pusieron afectaron tu confianza y comportamiento? ¿De qué manera?

Entender las etiquetas

1. Piensa en los apodos o etiquetas que usas para tu hijo. ¿Cómo podrían hacerle sentir esas palabras?

2. Habla con tu hijo sobre cómo se siente con respecto a las etiquetas o apodos que le han puesto. ¿Cómo se siente al respecto?

3. ¿Qué palabras positivas puedes usar para describir a tu hijo y ayudarlo a sentirse bien consigo mismo? ¿Cómo puedes centrarte en sus puntos fuertes?

Enfocarse en lo bueno

1. Enumera tres cosas en las que tu hijo es bueno. ¿Cómo puedes recordárselas cada día?

2. ¿Cómo puedes elogiar regularmente los rasgos positivos y los logros de tu hijo? ¿Qué puedes hacer para que esto se convierta en un hábito diario?

3. ¿Qué medidas puedes tomar para ayudar a tu hijo a ver y celebrar sus propios puntos fuertes?

Ayudarlos a crecer

1. Piensa en una ocasión en la que tu hijo hizo algo especial. ¿Cómo respondiste y qué reveló eso sobre su potencial?

2. Pregúntale a tu hijo sobre sus metas e intereses. ¿Cómo pueden trabajar juntos para apoyar estos sueños?

3. ¿Cómo puedes darle a tu hijo oportunidades para explorar y desarrollar sus intereses y talentos?

 **actividad:** «Mi collage de fortalezas»

Lo que necesitarás:

- Un tablero de cartulina o una hoja de papel grande
- Revistas, periódicos o imágenes impresas
- Tijeras
- Pegamento
- Marcadores
- Fotos de tu hijo
- Calcomanías

Cómo hacerlo:

Habla sobre lo que hace especial a tu hijo, las cosas en las que es bueno y las actividades que disfruta. Busca en revistas o periódicos imágenes y palabras que describan estos rasgos. Recórtalos juntos. Ayuda a tu hijo a pegar los recortes en el cartón o papel. Anímalo a decorar aún más el collage con dibujos, calcomanías y fotos de sí mismo. Coloca el collage en un lugar donde tu hijo pueda verlo todos los días, como en su habitación o en el refrigerador.

Por qué es útil:

Esta actividad genera confianza: ver sus puntos fuertes cada día aumenta la autoestima de tu hijo y le recuerda todas las cosas que lo hacen especial.

Destaca los puntos fuertes de tu hijo

- «Céntrate en la luz, no en las sombras».
- «Busca el oro, no la suciedad».
- «Ve el potencial; fomenta el crecimiento».
- «Celebra las pequeñas victorias, conducen a grandes sueños».
- «Detrás de cada comportamiento hay un sentimiento. Intenta entenderlo».
- «Los niños florecen con la luz del sol, no con los truenos».
- «Enfatiza lo positivo y los desafíos se reducirán».
- «La historia de tu hijo aún se está escribiendo. Ve el panorama general, no solo la página».
- «Cada niño brilla de manera diferente; encuentra lo que hace brillar al tuyo».

Reflexiones finales

Tus palabras pueden construir la confianza de tu hijo o destruirla. ¿Cómo vas a usarlas? Evitando las etiquetas y celebrando las cualidades únicas de tu hijo, puedes ayudarlo a convertirse en una persona segura y respetuosa de sí misma. Trata a tu hijo con la dignidad que se merece concentrándote en las fortalezas y rasgos especiales que lo hacen ser quien es. Elige centrarte en lo positivo y animarás a tu pequeño a convertirse en la mejor versión de sí mismo, libre de la rigidez de las etiquetas limitantes.

CAPÍTULO 10

AYÚDAME A SEGUIR LAS REGLAS

«Los límites son parte del cuidado personal. Son saludables, normales y necesarios». —Doreen Virtue

Necesito reglas justas que me enseñen lo que está bien y lo que está mal; me hacen sentir seguro, estable y cuidado. ¡Por favor, muéstrame el camino! Cuando lo haces, es como tener un mapa que me lleva a la mejor versión de mí mismo.

Al igual que las señales de tráfico nos guían y evitan accidentes mientras conducimos, las reglas y los límites claros ayudan a los niños a explorar su mundo con seguridad y confianza. En este capítulo, aprenderás a establecer reglas prácticas y eficaces que satisfagan las necesidades reales de tu hijo. Los límites justos fomentarán su sentido de la seguridad y la autodisciplina y harán de tu hogar un lugar más tranquilo para toda la familia.

Por qué son importantes los límites

Imagina un parque infantil sin una cerca. Está rodeado de carreteras muy transitadas, por lo que los peligros pueden venir de cualquier ángulo en cualquier momento. Tanto los niños como los cuidadores están tan nerviosos que apenas pueden concentrarse en divertirse. Las reglas son como una cerca alrededor de un parque infantil; protegen a los niños de cualquier daño, haciendo de su hogar un lugar seguro donde pueden concentrarse en disfrutar.

En esta sección, aprenderás todo sobre cómo establecer límites efectivos y ayudar a tu hijo a seguirlos, pero recuerda: no te sorprendas si ponen a prueba los límites. Aunque puede ser frustrante, este comportamiento es normal y necesario para un desarrollo saludable. Establecer reglas claras y explicar el «por qué» detrás de ellas puede ayudar a tu hijo a entender que los límites existen por una razón, lo que hace que sea más probable que coopere.

Cómo los diferentes estilos de crianza confunden a los niños

Todos tenemos diferentes orígenes, diferentes puntos de vista y diferentes expectativas. Eso significa que los padres a menudo tienen enfoques contrastantes de la disciplina. Cuando los padres tratan de hacer cumplir dos conjuntos diferentes de reglas, los niños pueden terminar confundidos y frustrados. Tomemos como ejemplo a un niño al que le gusta quedarse despierto hasta tarde. Puede que el padre se encuentre discutiendo sobre la hora de acostarse, pero a la madre puede que no le moleste en absoluto el carácter noctámbulo de su hijo y diga: «*Mi hermano y yo nos quedábamos hasta tarde cuando éramos pequeños y no nos ha pasado nada. Que él haga su propio horario*». Digamos que su hijo tiene la costumbre de hablarle irrespetuosamente a mamá, quien luego lo regaña, pero papá considera que el comportamiento es inofensivo y lo ignora. En ambos ejemplos, hay una falta de coherencia entre los estilos de crianza de mamá y papá que puede dejar a su hijo preguntándose a quién escuchar. Este problema puede ser aún más complicado cuando se trata de acuerdos de custodia compartida. Los padres en estas situaciones deben hacer todo lo posible para trabajar juntos y crear coherencia.

Cuando los niños en estas dinámicas inconsistentes se convierten en adolescentes, a menudo comienzan a ponerse del lado del padre más indulgente e ignoran las reglas del otro padre. Los padres tienen personalidades diferentes, no hay forma de evitarlo. Pero presentar un frente unido sobre las reglas y límites esenciales no debería ser negociable. Las reglas importantes como no golpear a los demás, hablar con respeto y seguir las pautas de seguridad (como mirar a ambos lados antes de cruzar la calle o no correr con tijeras) deben ser claramente establecidas y aplicadas consistentemente por ambos padres; pero también deben tratar de llegar a un consenso sobre las cosas más pequeñas, como los límites en el tiempo de televisión. Cuando los padres operan como un equipo, le dan a los niños la estabilidad que necesitan para prosperar.

Establecer límites efectivos

Conoce a tu hijo

El desarrollo varía mucho entre los niños. Mientras que algunos niños de ocho años pueden manejar una hora de tiempo frente a la pantalla de manera responsable, otros pueden necesitar límites más estrictos. Recuerda establecer límites que se ajusten a la etapa de desarrollo de tu hijo. Tú eres quien mejor conoce las necesidades y capacidades de tu hijo; utiliza ese conocimiento para ayudarte a establecer límites apropiados y efectivos.

Mantén la consistencia

Las reglas claras, simples y consistentes son más fáciles de seguir. Si la hora de acostarse es a las 8 p. m., asegúrate de que siga siendo la misma todas las noches. Si tu hijo sabe que debe terminar sus tareas antes de ver la televisión, apégate a ello. Hacer cumplir las reglas consistentemente les ayuda a entender las expectativas, proporcionándoles seguridad y autocontrol.

Deja margen para la negociación

Los niños son más propensos a seguir las reglas que ayudan a crear. Si a tu hijo no le gustan mucho las matemáticas, ofrécele opciones como: «¿Quieres hacer la tarea de matemáticas antes o después de cenar?». Explícale las razones que hay detrás de las reglas, háblale de tus expectativas y dale la oportunidad de expresar sus opiniones. También es una buena idea revisar los límites con tu hijo con regularidad.

Cuando estableces límites claros y te ciñes a ellos, creas un espacio seguro y de apoyo en el que tu hijo puede concentrarse en convertirse en una persona responsable y autodisciplinada.

La Historia De Amanda Y Gaurav

Amanda y Gaurav, padres de un niño llamado Ben, provenían de diferentes culturas y tenían estilos disciplinarios en conflicto. Amanda creía en establecer reglas estrictas y hacerlas cumplir consistentemente. Gaurav, por otro lado, era más indulgente, creyendo que los niños deberían ser libres de cometer errores y aprender de sus experiencias.

A su hijo Ben le encantaba jugar a videojuegos. Amanda estableció una regla por la que Ben solo podía jugar una hora al día después de terminar las tareas. Pero Gaurav, recordando los felices momentos de juego con sus hermanos cuando era niño, solía decirle a Ben que podía jugar más tiempo. Este enfoque contradictorio dejó a Ben confundido. No sabía qué reglas seguir, lo que provocaba frecuentes discusiones y estrés en el hogar.

Una noche, Ben se olvidó de terminar una tarea importante porque había estado jugando demasiado tiempo. Amanda se sintió frustrada y lo castigó sin consola por una semana. Gaurav pensó que eso era demasiado duro y le dijo en secreto a Ben que podía jugar cuando su madre no estuviera.

Esta inconsistencia hizo que Ben se sintiera atrapado entre sus padres, pero siguió el ejemplo de su padre y jugó cuando su madre salió a la tienda. Cuando Amanda llegó a casa, se enfadó al ver a Ben jugando a su juego. Amenazó con tenerlo castigado otra semana, hasta que Ben gritó: «¡Papá dijo que podía jugar cuando tú no estabas! Nunca sé lo que está bien y lo que está mal, ya que ustedes dos siempre me dicen cosas diferentes».

Amanda y Gaurav de repente se dieron cuenta de la confusión y el estrés que sus diferentes reglas estaban causando a su hijo. Esa noche, cuando Ben se fue a la cama, tuvieron una seria discusión sobre sus estilos de crianza y acordaron la importancia de actuar como un equipo para establecer límites claros y consistentes. A partir de entonces, decidieron establecer reglas juntos y explicarle a Ben por qué eran importantes.

Amanda y Gaurav acordaron que Ben podría tener su hora diaria de juego, pero solo después de completar su tarea y sus quehaceres. Hicieron cumplir esta regla consistentemente e incluyeron a Ben en las discusiones sobre cualquier cambio o excepción.

Una vez que sus padres comenzaron a trabajar juntos, Ben empezó a comprender la importancia de estos límites y cómo le ayudaban a manejar mejor su tiempo. Con sus padres trabajando en equipo para mantener expectativas claras consistentemente, las discusiones disminuyeron y Ben se volvió más responsable y cooperativo. El enfoque unido de Amanda y Gaurav ayudó a su hijo a sentirse seguro y apoyado, confiando en que sus padres estaban trabajando juntos para guiarlo.

Tiempo De Calma

Reflexionando sobre el pasado y el presente

1. Cuando eras niño, ¿qué reglas tenías que seguir en casa? ¿Cómo afectaron estas reglas a tu comportamiento?

2. ¿A qué consecuencias te exponías si no seguías las reglas? ¿Influyeron estas consecuencias en tu forma de actuar como padre ahora?

3. ¿Utilizas alguna de las reglas de tu infancia en tu propia crianza? ¿Por qué sí o por qué no?

Comprender las reglas

1. ¿Crees que las reglas son esenciales para criar a tu hijo o las ves como pautas opcionales? ¿Por qué te sientes así?

2. Piensa en las reglas que has establecido en casa. ¿Por qué son importantes para tu hijo y tu familia?

3. ¿Recuerdas alguna vez en la que tu hijo no entendiera una regla? ¿Cómo se lo explicaste y cómo podrías hacer que las reglas fueran más claras en el futuro?

Consistencia y justicia

1. ¿Haces cumplir las reglas consistentemente con tu hijo? ¿Puedes pensar en momentos en los que no fuiste consistente? ¿Qué causó la incongruencia?

2. ¿Tú y tu esposo/esposa tienen diferentes enfoques de la disciplina? ¿Cómo afectan estas diferencias a tu hijo y cómo pueden trabajar juntos para presentar un frente unido?

3. ¿Alguna vez le has preguntado a tu hijo si tus reglas son justas? ¿Qué dijo y cómo puedes abordar sus preocupaciones?

Involucrar a tu hijo

1. ¿Alguna vez has dejado que tu hijo te ayude a crear alguna regla? ¿Cómo te fue?

2. Piensa en una ocasión en la que tu hijo infringió una regla. ¿Cómo lo manejaste y qué podrías haber hecho de manera diferente?

3. ¿Cómo podría involucrar a tu hijo en la decisión de las consecuencias ayudarle a entender y seguir mejor las reglas?

 **"Tablero De Reglas Familiares"**

Lo que necesitarás:

- Una cartulina o pizarra
- Marcadores, crayones o gis
- Calcomanías

Cómo hacerlo:

Siéntate con tu familia, decidan algunas reglas importantes y anótalas en la pizarra. Deja que tu hijo ayude a decorar la pizarra con dibujos y calcomanías para que sea divertido. Cuélgala en un lugar donde todos la vean todos los días, como en la cocina o en la sala de estar. Usa el tablero para recordarle a tu hijo las reglas y revisarlas juntos cuando lo necesiten.

Por qué es útil:

Esta actividad le da a tu hijo un sentido de participación en las reglas, lo que hace que sea más probable que las siga. El recordatorio diario ayuda a todos a recordar cooperar, y hablar sobre las reglas ayuda a toda la familia a entenderlas mejor.

Frases para la consistencia y la equidad en la crianza de los hijos

- «La consistencia te ayuda a saber qué esperar de mí».
- «La equidad significa que todos reciben el mismo trato».
- «Voy a ser justo y consistente en mis decisiones».
- «La consistencia genera confianza entre nosotros».
- «Me apegaré a las reglas, para que sepas qué se espera de ti».
- «La equidad significa que todos juegan con las mismas reglas».
- «Seré consistente con las consecuencias por romper las reglas».
- «Igualdad significa dar una oportunidad a todos».
- «La consistencia ayuda a crear un ambiente estable y seguro».
- «Siempre escucharé tu versión y tomaré decisiones justas».

Reflexiones finales

Recuerda, las reglas no son solo para restringir y controlar, son esenciales para proporcionar un ambiente cómodo donde tu hijo pueda prosperar. La meta es establecer reglas justas, claras y consistentemente que proporcionen una estructura para ayudarles a sentirse seguros y aprender los límites a medida que crecen. Dado que los diferentes estilos de crianza pueden llevar a mensajes contradictorios que confunden a los niños y hacen que los límites sean difíciles de seguir, los padres deben trabajar juntos para acordar las reglas clave. La consistencia de ambos padres crea un ambiente de apoyo y estable.

CAPÍTULO 11

¡DÉJAME HACERLO A MÍ!

«*No incapacites a tus hijos haciéndoles la vida fácil*».
— Robert A. Heinlein

Me encanta probar cosas por mí mismo, como atarme los zapatos o untar mermelada en mi pan tostado. No importa si al principio me sale mal. Cuando lo hago bien por mí mismo, ¡es como ganar una medalla de oro!

Puede ser difícil ver a tu hijo esforzarse. Como padres, a menudo queremos intervenir para salvar a nuestros pequeños del mal sabor de boca que deja el fracaso. Sin embargo, permitir que los niños intenten y a veces fracasen en las tareas ayuda a desarrollar su confianza y autosuficiencia. En este capítulo, exploraremos la importancia de animar a los niños a ser independientes dejándoles que prueben las cosas por sí mismos. Por supuesto, también es importante ofrecer ayuda cuando tu hijo la necesita; se trata de encontrar un equilibrio entre proporcionar apoyo y darles la libertad de aprender por sí mismos. Al encontrar este equilibrio, ayudas a tu hijo a convertirse en una persona segura, independiente y autosuficiente.

¿Cuál es tu estilo de crianza?

Es momento de reflexionar sobre tu estilo de crianza. Aquí veremos algunos métodos comunes de crianza. Mientras lees, piensa cuál de estos se parece más a tu propio enfoque. Esto te ayudará a hacer los ajustes necesarios para estimular el crecimiento de tu hijo.

Crianza sobreprotectora: Los padres sobreprotectores buscan proteger a sus hijos de cualquier problema, fracaso o frustración. Aunque lo hacen con amor, este enfoque puede terminar perjudicando a los niños, ya que les impide desarrollar habilidades para afrontar los desafíos de la vida.

- **Ejemplo**: Cada vez que tu hijo olvida su tarea, dejas todo y corres a la escuela para entregársela. Esto puede parecer útil a corto plazo, pero también asegura que nunca enfrenten las consecuencias naturales de su olvido y les impide aprender responsabilidad y rendición de cuentas.

Padres helicóptero: Los padres helicóptero se involucran demasiado en la vida de sus hijos, micro gestionando sus actividades y resolviendo todos sus problemas. Esto puede hacer que los niños se sientan incapaces y perjudicar sus habilidades de pensamiento crítico.

- **Ejemplo**: Terminas haciéndote cargo de todo el proyecto de ciencias de tu hijo en un esfuerzo por asegurarte de que sea perfecto. Claro, el resultado se ve muy bien, pero ¿a qué costo? Tu hijo termina presentando un proyecto en el que apenas tuvo algo que ver, perdiéndose la experiencia de aprendizaje y la satisfacción de completarlo por su cuenta.

Paternidad permisiva: Los padres permisivos son indulgentes hasta el extremo y evitan establecer límites firmes. Aunque suelen ser cariñosos y comunicativos, este enfoque puede hacer que sus hijos tengan dificultades con la autodisciplina y los límites.

- **Ejemplo**: Tu hijo pide dulces justo antes de la cena. A pesar de saber que no son saludables y que probablemente le arruinarán el apetito, cedes para evitar una rabieta. Ceder a sus demandas puede darle a tu hijo una satisfacción a corto plazo, pero la falta de estructura puede conducir a dificultades en la autorregulación y a que no esté dispuesto a cooperar en el futuro.

Paternidad autoritaria: Los padres autoritarios combinan calidez y firmeza, estableciendo reglas y expectativas claras, a la vez que apoyan y responden a lo que sus hijos necesitan. Este estilo a menudo conduce a resultados positivos como una alta autoestima y buenas habilidades sociales.

- **Ejemplo**: Estableces la norma de que las tareas deben hacerse antes de cualquier tiempo de pantalla, pero también dejas claro que estás disponible para sentarte con tu hijo y ayudarle si tiene dificultades. Puedes hablar sobre su día y ofrecerle orientación, fomentando tanto una sensación de seguridad como una fuerte conexión emocional.

Tómate un tiempo para reflexionar sobre estos estilos de crianza y compáralos con el tuyo. Esto te ayudará a identificar áreas de mejora y a adoptar estrategias que mejor apoyen el desarrollo de tu hijo.

Fomentar la independencia

Es posible que hayas oído términos como «crianza helicóptero» o «crianza quitanieves» para describir a los padres que se pasan el día encima de sus hijos o que les quitan todos los obstáculos del camino. Cuando criamos de esta manera, nuestras intenciones provienen del amor y el deseo de proteger a nuestros hijos, pero estos enfoques pueden impedirles aprender habilidades esenciales para la vida.

Reflexiona sobre tu estilo de crianza: ¿le das a tu hijo suficientes oportunidades para explorar de forma independiente, cometer errores y aprender de ellos, o intervienes al primer indicio de un desafío? Puede ser difícil reconocer cuándo ofrecer apoyo y cuándo dar un paso atrás, pero encontrar este equilibrio es crucial para la independencia de tu pequeño.

¿Has visto alguna vez cómo se le ilumina la cara a tu hijo cuando resuelve un problema de matemáticas difícil o cuando consigue prepararse el almuerzo solo? Estos momentos aumentan su confianza y su resiliencia. Cuando hacemos todo por nuestros hijos, les robamos valiosas oportunidades para desarrollar su independencia y sus habilidades para resolver problemas. Pero cuando les animamos a hacer las cosas por sí mismos, les ayudamos a desarrollar un fuerte sentido de su capacidad y de su propio valor. La infancia consiste en explorar, cometer errores y aprender de ellos. Todo forma parte del camino hacia un futuro de confianza y autosuficiencia, y nuestro trabajo como padres es celebrar los esfuerzos de nuestros hijos y apoyar su crecimiento en cada paso del camino.

Cómo manejar la ansiedad de los padres

¿Te pones nervioso cuando ves a tu hijo luchando con una tarea? No eres el único. Todos queremos que les vaya bien, pero si intervenimos demasiado rápido, podríamos impedirles aprender. Aprender a manejar tu ansiedad y dejar que tu hijo intente hacer las cosas por sí mismo es clave para su crecimiento.

Por qué es difícil de ver

Ver a tu hijo luchar puede ser difícil porque quieres protegerlo de la frustración o el fracaso. Pero recuerda, los desafíos son importantes para los niños; superar los desafíos por sí mismos les enseña habilidades para resolver problemas y les da confianza.

Cómo manejarlo

- **Haz una pausa antes de ayudar:** Cuando sientas la necesidad de intervenir, respira hondo. Recuérdate a ti mismo que no pasa nada si tu hijo tiene dificultades, ya que está aprendiendo a través del proceso.

- **Céntrate en su crecimiento:** Piensa en cómo superar los retos ahora les ayudará a ser más independientes y resilientes en el futuro.

- **Celebra el esfuerzo:** Elogia a tu hijo por intentarlo, incluso si no tiene éxito de inmediato. Esto le anima a seguir adelante y le demuestra que su esfuerzo es importante.

Dejarlos crecer

Permitir que tu hijo lo intente, fracase y vuelva a intentarlo le ayuda a crecer más fuerte y a ser más autosuficiente. Al manejar tu ansiedad, le ayudas en el camino para que tenga más confianza y sea más capaz. Confía en sus habilidades: te sorprenderá lo que puede lograr por sí mismo.

 ## La Historia De Sofía Y Jaime

El hijo de Sofía, Jaime, parecía indiferente a todo, especialmente a sus tareas escolares. A menudo se negaba a completarlas, y Sofía no soportaba la idea de que Jaime recibiera malas calificaciones. Para evitarlo, muchas veces terminaba haciendo el trabajo por él.

Una tarde, Sofía pensó que Jaime estaba trabajando en una tarea de escritura, pero cuando entró en su habitación, lo encontró viendo videos en su tableta. Le preguntó por qué no había trabajado en su tarea, y Jaime, encogiéndose de hombros, murmuró:

"Sé que lo harás por mí más tarde de todos modos, y eres mejor escribiendo que yo."

Por primera vez, Sofía se dio cuenta de que su impaciencia y su costumbre de resolver rápidamente los problemas de Jaime estaban perjudicando su capacidad para aprender y crecer de forma independiente.

Sofía entendió que debía dejar que Jaime resolviera sus propios problemas. Así que estableció una nueva regla: Jaime debía completar sus tareas solo. Al principio, Jaime se sentía frustrado y enfadado, y no entendía por qué su madre no le ayudaba como antes. Pero Sofía se mantuvo firme, decidida a dejar que Jaime hiciera sus deberes solo.

Al principio, cuando Jaime se trababa con un problema, se quejaba y se frustraba. Para Sofía fue muy difícil no intervenir, pero esperó con paciencia a que él mismo encontrara la solución. Con el tiempo, Jaime empezó a asumir un papel más activo en sus deberes. Poco a poco, su actitud pasiva se transformó en proactiva. Aprendió a manejar sus tareas con mayor independencia, enfrentando los retos con una nueva determinación.

Sofía vio que, cuando se le daba la oportunidad, Jaime tenía la fuerza y la capacidad de manejar las tareas por sí mismo. Y lo que es mejor, Jaime también se dio cuenta de esto, lo que le dio un gran impulso de confianza. Sofía aprendió el valor de la paciencia y el apoyo equilibrado al ver cómo su hijo se volvía cada día más autosuficiente y capaz.

Tiempo De Calma

Reflexionando sobre el pasado y el presente

1. De niño, ¿te ayudaban tus padres frecuentemente con las tareas o te animaban a hacer las cosas de forma independiente? ¿Cómo afectó su enfoque a tu confianza para afrontar los desafíos?

2. ¿Cómo ha influido tu educación en la forma en que animas a tu hijo a ser independiente hoy en día?

3. ¿Con qué estilo de crianza—sobreprotector, helicóptero, permisivo o autoritario—se identifican más tú y tu pareja? ¿Cómo crees que este enfoque ha influido en el desarrollo de tu hijo?

Estimular la independencia

1. Recuerda una ocasión reciente en la que tu hijo quiso hacer algo por su cuenta. ¿Cómo respondiste y por qué?

2. Identifica una tarea en la que tu hijo haya mostrado interés en hacerla de forma independiente. ¿Cómo puedes apoyarlo sin asumir el control?

Equilibrar el apoyo y la independencia

1. ¿Cómo puedes crear oportunidades para que tu hijo pruebe cosas nuevas sin dejar de estar ahí si necesita ayuda?

2. Cuando tu hijo tiene dificultades con una tarea, ¿cómo decides si intervenir o dejar que la resuelva solo?

3. ¿Cómo puedes celebrar los esfuerzos y la resiliencia de tu hijo, incluso si el resultado no es perfecto? ¿Qué acciones específicas puedes tomar para lograrlo?

 **actividad:** Gráfico «¡Yo Puedo Hacerlo!»

Lo que necesitarás:

- Un trozo de papel o cartulina
- Marcadores o crayones
- Calcomanías o sellos

Cómo hacerlo:

Crea una tabla sencilla con tu hijo. Anota las tareas que quiere intentar hacer solo, como atarse los zapatos, hacer la cama o poner la mesa. Deja que tu hijo decore la tabla con dibujos, sellos o calcomanías, para que sea especial y divertida. Cada vez que tu hijo complete una tarea por sí mismo, podrá poner una calcomanía o un sello junto a ella en la tabla.

Cuando completen una tarea, ¡celebra el hecho de marcar el cuadro! Dales un choque de manos, un abrazo o un pequeño regalo para mostrarles lo orgulloso que estás.

Por qué es útil:

Ver cómo se va llenando la tabla ayuda a tu hijo a sentirse orgulloso y le muestra lo independiente que es. Como la tabla hace que probar nuevas tareas sea emocionante y gratificante, esta actividad le anima a probar más cosas nuevas. Tu refuerzo positivo le enseña a tu hijo que probar cosas por sí mismo es importante y divertido.

Cómo empoderar a tu hijo: frases positivas

- «Tú puedes hacerlo por tu cuenta, ¡creo en ti!»
- «Inténtalo primero, y si necesitas ayuda, aquí estoy».
- «¡Estoy orgulloso de que quieras intentarlo!»
- «Eres capaz de mucho, así que ¡inténtalo!»
- «Toma la iniciativa y muéstrame lo que puedes hacer».
- «¡Cada día eres más independiente!»
- «Me encanta verte probar cosas nuevas y aprender».
- «Inténtalo y lo resolveremos juntos si es necesario».
- «Confío en que tomes buenas decisiones y hagas lo mejor que puedas».
- «Estás ganando más confianza e independencia, ¡y es increíble verlo!».

Reflexiones finales

Cuando crees en tu hijo, ¡el cielo es el límite de su potencial! Protegerlos del fracaso solo perjudica su crecimiento. No te preocupes; tu hijo es resiliente. Si les dejas intentarlo y fracasar, se levantarán de nuevo. A través de sus intentos, los niños hacen descubrimientos y aprenden a pensar críticamente. Las exploraciones en sus primeros años son peldaños que los llevan por el camino de la fuerza y la capacidad. Confía en la capacidad de tu hijo para superar los desafíos y proporciónale el apoyo y el ánimo que necesita para volver a intentarlo.

CAPÍTULO 12
LAS PROMESAS IMPORTAN

«*La confianza se construye con consistencia*».
—Lincoln Chafee

Si me prometes llevarme al parque o hacer galletas juntos, por favor, cúmplelo. Cuando no lo haces, es como si dejaras caer mi helado al suelo. Sé que los adultos están ocupados, pero yo recuerdo cada promesa. Cuando cumples la tuya, me haces sentir especial y querido.

¡Mantener las promesas a tu hijo es importante! En este capítulo, hablaremos del impacto que tiene en la relación entre padres e hijos. Cuando cumples tu palabra, generas confianza y enseñas a tu pequeño el valor de la fiabilidad y el compromiso. Es importante entender que incluso las pequeñas promesas son muy importantes para los niños, y cumplirlas fomenta una sensación de seguridad y amor.

Mantener tu palabra

Cumplir pequeñas promesas puede parecer insignificante, pero para tu hijo significa mucho. Cada vez que cumples una, le estás diciendo: «Eres importante para mí y me importa lo que sientes. Esto genera confianza y le asegura a su hijo que puede depender de usted; esta confianza es crucial para su desarrollo saludable.

Las promesas cumplidas son como hilos invisibles que vinculan lo que dice con lo que hace. Al cumplir lo que dice, le muestra a su hijo que la fiabilidad y la integridad forman parte de ser una buena persona. Cuando usted modela este comportamiento, ellos aprenden a hacer lo mismo.

Piensa en tu trabajo. Imagina que tu jefe promete un ascenso si terminas un gran proyecto. Trabajas duro, cumples con todo y logras resultados excelentes. Pero cuando le entregas el proyecto, tu jefe no menciona nada sobre el ascenso ni vuelve a tocar el tema. ¿Cómo te sentirías? ¿Confiarías en él la próxima vez? Probablemente estarías muy decepcionado y pensarías que tu jefa no es de fiar ni confiable... ¡o peor! Un niño se siente de manera similar cuando uno de sus padres rompe una promesa.

Cuando prometes ir al juego de fútbol de tu hijo, ayudarlo a construir un modelo de avión o tener una noche de cine, cumplir estos compromisos, incluso si te parecen pequeños, les enseña que pueden contar contigo. La confianza que tu hijo construye contigo jugará un papel muy importante en cómo navegan todas las relaciones a lo largo de su vida.

Cumplir tus compromisos también tiene que ver con el respeto. Demuestra que eres considerado con los demás, lo que enseña a tu hijo a hacer lo mismo. Y al cumplir tu palabra, le demuestras a tu hijo el respeto que necesita para desarrollar un sentido saludable de confianza y autoestima.

Puede ser fácil hacer promesas vacías durante un momento de tensión, como cuando intentas calmar una rabieta en medio de un supermercado lleno de gente. Es tentador decir: «*Bueno, la próxima vez te compraremos el juguete que quieres*» o «*Si dejas de llorar, veremos juntos tu película favorita cuando lleguemos a casa*», solo para que se calme. Pero, ¿qué pasa si no cumples esas promesas? Esas pequeñas mentiras piadosas se acumulan y tu hijo puede empezar a pensar que no puede confiar en lo que dices. Si sabes que no podrás cumplir, no hagas la promesa en primer lugar.

Haz siempre todo lo posible por mantener tus promesas, pero si te equivocas, resuélvelo inmediatamente. Es importante explicar primero el porqué y luego tratar de corregir la situación. Al reconocer tus errores y enmendar las cosas, le enseñas a tu hijo a hacer lo mismo.

Recuerda que cada promesa que cumples genera un poco más de confianza. Por lo tanto, piensa antes de prometer y asegúrate de poder cumplir. Asegurarte de que tus acciones coincidan con tus palabras es una de las mejores maneras de hacer que tu hijo se sienta seguro y amado, ahora y en el futuro.

Consejos prácticos para cumplir tus promesas

Cada promesa que haces a tu hijo es un compromiso que refuerza su confianza en ti. Aquí tienes estrategias para asegurarte de cumplirlas.

- **Establece expectativas realistas:** Solo haz promesas que estés seguro de poder cumplir. Es mejor prometer menos y cumplir más que arriesgarse a faltar a tu palabra. Por ejemplo, en lugar de comprometerte a unas vacaciones elaboradas que podrían no ser realistas, promete una actividad más pequeña pero realista, como una noche de juegos en casa.

- **Involucra a tu hijo:** Pídele a tu hijo que te ayude a planificar las actividades que hayan acordado. Esto gestiona sus expectativas y les enseña sobre el compromiso y la contribución. Hacer un plan juntos también es un gran trabajo en equipo, haciéndoles sentir valorados e incluidos.

- **Usa recordatorios:** Usa herramientas como calendarios, alarmas o aplicaciones de recordatorio para hacer un seguimiento de las promesas. Convierte en una actividad familiar marcar en un calendario los eventos acordados. Esto no solo te ayuda a recordar, sino que también le muestra a tu hijo que las promesas son algo serio.

- **Explicar los retos:** La vida está llena de sorpresas. Si surgen circunstancias que dificulten o imposibiliten el cumplimiento de una promesa, sé honesto con tu hijo lo antes posible. Explícale la situación y trabajen juntos para reprogramarla. Esto le enseñará a ser flexible y a resolver problemas. Por ejemplo, si una emergencia laboral te impide llevar a tu hijo al cine como estaba previsto, explícale la situación con claridad y elabora un nuevo plan.

- **Discúlpate cuando sea necesario:** Si rompes una promesa, aunque haya sido por accidente, reconócelo y discúlpate sinceramente. Explica por qué ha sucedido y cómo evitarás que vuelva a suceder en el futuro. Esto demuestra responsabilidad y respeto por los sentimientos de tu hijo. Así es como se hace: «*Siento que no hayamos podido ir al lago hoy. Sé que tenías muchas ganas. Vayamos mañana*».

- **Celebra las promesas cumplidas:** Cuando mantienes una promesa, es un trabajo bien hecho que hay que celebrar juntos. Esto refuerza la importancia de cumplir los compromisos y hace que sea una experiencia memorable. Por ejemplo, después de un viaje prometido al zoo, pueden disfrutar juntos de un dulce especial y hablar de lo más destacado del día.

Al utilizar estos consejos para ayudarte a mantenerte honesto y consistente, construirás un vínculo fuerte y de confianza con tu hijo que servirá como base para sus futuras relaciones.

La Historia De Jack Y Kaylee

Una noche, Jack le dijo a su hija, Kavlee, con entusiasmo:

"*En cuanto termine estos correos, ¿vamos a dar un paseo en bicicleta?*"

Kavlee puso los ojos en blanco y respondió con un seco: *"Lo que tú digas."* Sorprendido por su reacción, Jack le preguntó por qué estaba molesta. Kavlee, visiblemente frustrada, respondió:

"Siempre dices cosas así, pero nunca cumples tus promesas. Dudo que esta vez sea diferente."

Jack no quería admitirlo, pero Kavlee tenía razón. En ese momento, se dio cuenta de la importancia de cumplir las promesas que le hacía a su hija y de lo mucho que la falta de cumplimiento había afectado su relación.

Decidido a cambiar, Jack hizo las cosas de manera diferente esta vez. Terminó su trabajo temprano, llamó a la puerta de Kavlee y le dijo:

"Vamos a montar en bicicleta."

El rostro de Kavlee se iluminó con sorpresa y alegría. Dieron un largo paseo por el barrio y lo pasaron de maravilla juntos. Al día siguiente, Kavlee le preguntó si podían volver a pasar tiempo juntos. Jack aceptó y le dijo que la ayudaría con la casita para pájaros que ella quería construir después de terminar su tarea. Una hora más tarde, cumplió su promesa y pasaron la tarde construyendo y pintando juntos la casita.

A medida que Jack se esforzaba por cumplir sus promesas, Kavlee empezó a confiar más en él. Dejó de quejarse y esperaba pacientemente cada vez que Jack le pedía tiempo. Su vínculo se hizo más fuerte, y Kavlee supo que podía confiar en la palabra de su padre. Jack comprendió que cumplir las promesas, por pequeñas que fueran, era esencial para fortalecer la relación de confianza y amor con su hija.

Tiempo De Calma

Reflexionando sobre el pasado y el presente

1. ¿Fueron tus padres buenos en general a la hora de cumplir las promesas que hicieron? ¿Cómo afectó su consistencia (o falta de ella) a tu confianza en ellos?

2. ¿Recuerdas alguna promesa concreta que tus padres no cumplieran? ¿Cómo te hizo sentir?

3. ¿Cómo crees que la forma en que tus padres manejaron las promesas ha influido en cómo las manejas con tus hijos?

Comprender el impacto de las promesas

1. Piensa en una promesa que le hiciste a tu hijo y que cumpliste recientemente. ¿Cómo reaccionó tu hijo?

2. ¿Cómo afecta el hecho de mantener las promesas a la confianza de tu hijo en ti?

Construir consistencia y confianza

1. ¿Qué estrategias puedes utilizar para asegurarte de cumplir las promesas que le haces a tu hijo? ¿Podrían ser útiles los recordatorios, un diario de promesas u otras herramientas?

2. ¿De qué maneras puedes hacer que se sientan valorados y respetados?

3. ¿Cómo puedes explicarle a tu hijo que no puedes cumplir una promesa y qué puedes hacer para compensarlo y que siga confiando en ti?

actividad: "El tarro de las promesas"

Lo que necesitarás:

- Un tarro o recipiente
- Tiras de papel
- Una pluma

Cómo hacerlo:

Cuando tú o tu hijo hagan una promesa, escríbanla en un papel. *«Prometo jugar contigo el sábado»*, por ejemplo. Luego doblen el papel y lo pongan en su frasco para que les sirva de recordatorio de la promesa. Una vez a la semana, saquen todas las tiras de papel del frasco y mírenlas juntos. Hablen de las promesas que cumplieron y de cómo les hizo sentir, y celebren juntos con un abrazo, un 'choca esos cinco' o un pequeño bocadillo. Si no se cumplió una promesa, expliquen por qué y hagan un plan para cumplirla pronto.

Porqué ayuda:

Esta es una gran actividad para generar confianza, estimular la comunicación y crear recuerdos positivos.

Frases positivas para alentar la consistencia

- «Cuando te prometo algo, me aseguro de cumplirlo».
- «Mantener mi palabra demuestra que puedes confiar en mí».
- «Cada promesa que cumplo nos acerca más».
- «Me esfuerzo por ser consistente porque genera confianza entre nosotros».
- «Puedes contar conmigo para cumplir mis promesas».
- «Siempre haré todo lo posible por mantener mi palabra».
- «Nuestras promesas mutuas son importantes y las honraré».
- «Mantener las promesas demuestra respeto y fortalece nuestra relación».
- «Valoro tu confianza y haré todo lo posible por cumplir mis promesas».

- «Cuando digo que haré algo, lo digo en serio, y haré todo lo posible por cumplirlo».

Reflexiones finales

Recuerda que incluso la promesa más pequeña sigue importando a tu hijo. Asegúrate de hacer todo lo que esté en tu mano para mantener tu palabra cuando te comprometas a algo; solo haz promesas que sepas que puedes cumplir. El alivio temporal de superar un momento difícil con una promesa vacía puede llevar a un corazón roto, y a una sensación de confianza rota, para tu pequeño. Mantener tu palabra consistentemente genera confianza y le muestra a tu hijo cuánto lo amas, al mismo tiempo que le enseñas la importancia de la integridad y la fiabilidad en todas las relaciones.

CAPÍTULO 13

¡JUGUEMOS!

«El tiempo que pasas jugando con los niños nunca es tiempo perdido». —Dawn Lantero

Jugar contigos, ya sea construyendo fuertes o imaginando viajamos a la luna, ¡es lo mejor! Aunque sea solo durante cinco o diez minutos, los momentos que compartimos me hacen sentir súper especial y cerca de ti. Estos recuerdos felices me hacen un niño feliz.

¡Pasar tiempo de calidad contigo llena de alegría a tu hijo! La conexión intencional es mucho más que estar físicamente presente; significa participar activamente en la interacción con tu hijo a través de actividades y juegos atractivos. Exploremos cómo construir un vínculo sólido, aumentar la confianza de tu hijo y crear recuerdos duraderos aprovechando al máximo estos preciosos momentos.

Tiempo de calidad, niño feliz

Según estudios de Harvard y la Academia Americana de Pediatría, la clave para criar niños felices es simple: ¡Si quieres niños felices, juega con ellos tanto como puedas! Suena simple, ¿verdad? Pero, como cualquier padre ocupado sabe, no siempre es tan fácil. Por amor, muchos padres intentan compensar económicamente a sus hijos por esta falta de tiempo. Compran los últimos juegos de video, los aparatos tecnológicos más novedosos, las bicicletas más llamativas y las muñecas más bonitas. Pero lo que tus hijos realmente quieren de ti es a ti, tu presencia.

¿Cuál es tu definición de tiempo de calidad?

¿Qué significa para ti «tiempo de calidad»? Tu definición puede marcar una gran diferencia. Por ejemplo, si te pones al día en las redes sociales mientras estás sentado junto a tu hijo que está viendo videos en su iPad, ¿lo llamarías tiempo de calidad? Claro, esos momentos pueden estar bien, pero pensemos en lo que realmente significa el verdadero tiempo de unión. Es dedicarle a tu hijo toda tu atención y participar de maneras significativas que le demuestren que es el centro de tu mundo.

La importancia del tiempo de calidad

Cada momento especial que pasas con tu hijo es como una foto preciosa en el libro de recuerdos de su relación, y cada uno les ayuda a acercarse más. Cuando dedicas tiempo solo a ti y a tu hijo, les das una fuerte sensación de ser amados y valorados. Este tiempo significativo sirve como recordatorio de que estás presente, alimentando la sensación de seguridad de tu pequeño.

El tiempo de calidad también puede ser práctico: puedes utilizarlo como una oportunidad para enseñar importantes habilidades para la vida. A través del juego y las conversaciones, los niños aprenden a comunicarse, a comprender los sentimientos de los demás y a resolver problemas. Estas interacciones también son una experiencia de aprendizaje para ti, ya que te ayudan a comprender mejor a tu hijo y a apoyar su crecimiento.

Y esto no es solo una ilusión; estos beneficios están respaldados por la investigación. Según un estudio de la Universidad de Harvard, los niños que pasan tiempo de calidad con sus padres de forma regular obtienen mejores resultados en la escuela, desarrollan habilidades sociales más fuertes y tienen menos problemas de comportamiento. El tiempo de calidad es tan importante que la Academia Estadounidense de Pediatría recomienda las comidas familiares y las actividades compartidas como una forma de fomentar la seguridad emocional y el bienestar general de los niños.

Reducir los problemas de conducta

Si estás buscando una forma de estimular el buen comportamiento, intenta dar prioridad a los momentos especiales. Cuando los niños se sienten comprendidos y conectados con sus padres, es menos probable que se porten mal para llamar la atención y más probable que cooperen y se adapten.

Aprovecha al máximo tu tiempo

Recuerda: el tiempo de calidad no depende de cuánto dure, sino de lo significativo que sea, ¡no a la cantidad! Aprovechar al máximo los momentos que comparten hace de su hogar un lugar cariñoso, solidario y feliz para que tu hijo crezca. Así que deja el teléfono y disfruta de un verdadero momento de unión juntos.

Superar los retos comunes

Cuando estás haciendo malabarismos con el trabajo, las tareas del hogar y todo lo demás que necesitas hacer, ¡encontrar tiempo para jugar con tu hijo puede ser difícil! Muchos padres tienen dificultades con esto e incluso pueden sentirse culpables cuando no pueden pasar tanto tiempo como les gustaría con sus hijos. Pero no estás solo. Hay formas de hacerlo funcionar, incluso en tus días más ocupados.

- **Empieza poco a poco:** No necesitas reservar horas para jugar. Incluso solo de 10 a 15 minutos de juego concentrado e ininterrumpido pueden marcar una gran diferencia para tu hijo. Estos momentos cortos y especiales se suman y ayudan a construir un vínculo fuerte. Ya sea un juego rápido de atrapar la pelota o leer juntos un cuento, lo que más importa es que estés completamente presente durante este tiempo. Así que desconecta los dispositivos y concéntrate en tu pequeño.

- **Incorpora el juego en las rutinas diarias:** Programar el tiempo de juego no tiene por qué ser complicado, puede integrarse en tu rutina diaria. Puedes convertir las tareas cotidianas en actividades divertidas, así que sé creativo. Por ejemplo, deja que tu hijo te ayude a cocinar lavando las verduras o revolviendo los ingredientes. La hora del baño puede convertirse en una aventura acuática con juguetes y juegos, y la hora de dormir puede ser muy especial con cuentos de fantasía. Estos pequeños cambios pueden convertir las tareas ordinarias en oportunidades para conectar.

- **Establece expectativas realistas:** Es importante ser amable contigo mismo y ser realista. Algunos días estarás demasiado cansado u ocupado para largas sesiones de juego, y eso está bien. En lugar de centrarte en lo que no puedes hacer, celebra lo que puedes hacer: lo que más importa son los momentos que puedes compartir con tu hijo. Recuerda, lo que cuenta es la calidad del tiempo que pasáis juntos, no la cantidad. En esos días especialmente ajetreados, incluso unos minutos de risas o un juego rápido pueden ser de gran ayuda.

- **Haz del tiempo de juego una** prioridad: Para asegurarte de que el tiempo de juego se produzca, trátalo como cualquier otra parte importante de tu día. Prográmalo, ya sea un juego rápido antes de la cena o una ronda de bromas durante un viaje en coche. Cuando haces del tiempo de juego una parte habitual de tu rutina, se convierte en algo que tú y tu hijo esperan con ilusión cada día.

Está bien reconocer los desafíos que la vida moderna plantea al tiempo de calidad con nuestros hijos. Al encontrar formas de entretejer el juego en tu vida diaria, puedes construir conexiones significativas con tu hijo sin sentirte abrumado. Recuerda, son los pequeños esfuerzos consistentemente los que marcan la mayor diferencia en la felicidad y el crecimiento de tu pequeño.

Consejos para integrar el tiempo de juego

El juego es una de las formas más divertidas y efectivas de conectar con tu hijo. Pero encajarlo en una agenda ajetreada a veces puede ser más fácil de decir que de hacer. Aquí tienes algunos consejos prácticos para ayudarte a integrar el tiempo de juego en tu rutina diaria:

Rutina matutina

Juego para despertarse: Carguen las pilas y empiecen la mañana de forma divertida con un juego rápido como *Simón dice* o una fiesta de baile de cinco minutos con la canción favorita de tu hijo.

Desayuno para crear lazos: Disfruten del desayuno jugando a un juego sencillo como *Veo veo* o compartiendo chistes durante la comida.

Tiempos de transición

Antes de la cena: ¡Haz que la preparación de la cena sea divertida fingiendo que diriges un restaurante de cinco estrellas! Mientras cocinas, dale tareas a tu hijo, como lavar las verduras o poner la mesa.

Después de las tareas: El trabajo duro tiene su recompensa—premia a tu hijo con un juego de diez minutos, como el escondite, cuando termine sus estudios. ¡Es una forma estupenda de pasar del trabajo al juego!

Rutina antes de acostarse

Juego para relajarse: Participar en actividades tranquilas antes de dormir ayuda a tu pequeño a relajarse mientras se divierte. Intenta construir con bloques, jugar con peluches o dibujar juntos.

Aventuras en la hora de los cuentos: Mejora tus cuentos para dormir usando diferentes voces para los personajes o dejando que tu hijo decida cómo avanza la historia a su manera.

Jugar sobre la marcha

Juegos de mesa: entretén a tu hijo sin pantallas durante el viaje con juegos sencillos como *20 preguntas* o *el juego del alfabeto*, o aprovecha el tiempo para inventar historias divertidas juntos.

Tiempo de espera: actividades sencillas como el *Tic-Tac-Toe* o un juego de *Go Fish* pueden hacer más llevadera la espera. Convierte la sala de espera del consultorio del médico en un lugar divertido llevando juguetes portátiles, una baraja de cartas o un cuaderno y plumas.

Diversión durante el fin de semana

Tiempo de juego en familia: Crea una rutina que todos esperen con ilusión reservando un tiempo específico cada fin de semana para jugar en familia. Piensa en actividades para cada fin de semana con tu pequeño, como visitar el parque, montar en bicicleta o hacer galletas juntos.

Actividades especiales: Inicia una costumbre familiar entrañable como «Manualidades de los sábados por la mañana». Elige un proyecto de «hazlo tú mismo» sencillo, como hacer una corona o pintar piedras, para completarlo juntos.

Hacer que el tiempo de juego sea especial

Sé constante: Intenta programar el tiempo de juego más o menos a la misma hora cada día, como justo después de la cena o antes de acostarse. Una rutina de juego consistente le da a tu hijo algo que esperar, motivándolo a lo largo del día.

Sigue su iniciativa: ¡Deja que tu hijo elija la actividad a veces! Ya sea jugar con sus juguetes favoritos o inventar un juego, seguir su iniciativa demuestra que valoras sus intereses.

Mantente presente: Desconéctate durante el tiempo de juego dejando de lado las distracciones como los teléfonos y la televisión. Este es su tiempo juntos, así que dale a tu hijo toda tu atención.

¡La vida puede ser ajetreada! Si incorporas estos consejos prácticos, podrás incluir el tiempo de juego en tu rutina diaria y crear recuerdos que tú y tu hijo atesorarán toda la vida.

La Historia De David Y Ethan

A David a veces le resultaba difícil desconectarse del trabajo y de las tareas del hogar para conectar con su hijo pequeño, Ethan. Como su padre no era muy aficionado a jugar cuando él era pequeño, el concepto no siempre le resultaba natural. Aun así, David era un padre dedicado, así que cuando Ethan empezó a llegar a casa de la escuela cada día irritable y frustrado, supo que necesitaba llegar al fondo del asunto.

Empezó sentándose con Ethan durante la cena y preguntándole cómo le iba en la escuela. «*Papá, estoy aburrido*», suspiró Ethan, recargando el codo en la mesa y la barbilla en la mano. «*Siento que lo único que hago es ir a la escuela, volver a casa y dormir, y volver a hacerlo todo al día siguiente*». La frustración de Ethan le trajo recuerdos de su propia infancia. David entendió que su hijo no necesitaba más juguetes o distracciones, sino experiencias que lo hicieran sentir especial.

Decidió construir un mejor vínculo con Ethan, pero sin saber por dónde empezar. Buscó ideas para probar y decidió dedicar 15 minutos al día a jugar con su hijo.

Al principio, el tiempo de juego le resultó forzado e incómodo. Tenía que esforzarse por tirarse al suelo y hacer el tonto, algo que no le resultaba natural. Pero cuando vio la alegría que iluminaba los ojos y la sonrisa de Ethan, empezó a comprender la importancia de su compromiso. Comenzaron con actividades sencillas como construir fuertes en la sala de estar, fingir que eran *exploradores* en una gran aventura y jugar al *pilla-pilla* al aire libre. A pesar de la incomodidad inicial de David, gracias a la alegre risa de Ethan, empezó a soltarse. La felicidad de su hijo era contagiosa, y David también empezó a sentir la alegría de estas interacciones.

El impacto de esos 15 minutos se extendió más allá de su tiempo de juego. David notó que Ethan se volvió mucho más cooperativo en casa, e incluso mejoraron sus calificaciones. Ahora que tenía tiempo de calidad con su padre que esperar cada día, la motivación de Ethan subió como la espuma.

Una noche, después de un día estresante en el trabajo, David, agotado, tuvo la tentación de saltarse su tiempo de juego. Pero cuando vio la mirada ansiosa en los ojos de Ethan, dejó a un lado su cansancio. Esa noche, mientras jugaban a ser superhéroes, David se dio cuenta de lo importantes que eran esos momentos, no solo para Ethan, sino para él mismo. El estrés se desvaneció, sustituido por la risa y la conexión.

David aprendió que unos minutos de atención plena podían alegrar el corazón de su hijo. Lo que comenzó como un acto de servicio para su hijo se convirtió rápidamente en la mejor parte de sus días, en la creación de recuerdos que durarían toda la vida.

Tiempo De Calma

Reflexionando sobre el pasado y el presente

1. ¿Tus padres pasaban tiempo jugando contigo cuando eras niño? ¿Qué tipo de juegos les gustaba practicar juntos?

2. ¿Cuáles son tus mejores recuerdos de jugar con tus padres? ¿Cómo afectaron esos momentos a su relación?

3. ¿Cómo han influido las ideas de tus padres sobre el tiempo de calidad en tus interacciones con tu hijo?

Priorizar el tiempo de calidad

1. ¿Cuánto tiempo sueles dedicar a jugar con tu hijo cada día? ¿Crees que es suficiente para crear un vínculo fuerte?

2. ¿Dejas que tu hijo elija las actividades durante el tiempo de juego o sueles tomar la iniciativa? ¿Qué enfoque le gusta más?

3. ¿Has introducido alguna vez nuevos juegos o actividades durante el tiempo de juego? ¿Cómo respondió tu hijo al cambio?

Reconocer la importancia del juego

1. ¿Cuáles son los juegos favoritos de tu hijo? ¿Cómo contribuyen estos juegos a su crecimiento y felicidad?

2. Pregúntale a tu hijo qué es lo que más le gusta de jugar contigo. ¿Qué puedes aprender de su respuesta para mejorar su tiempo de juego juntos?

Construir conexiones fuertes

1. ¿Cuándo fue la última vez que tuviste una sesión de juego memorable con tu hijo? ¿Qué la hizo especial?

2. Planea una actividad de juego única que ambos puedan disfrutar. ¿Cómo puedes hacer que sea una experiencia divertida e inolvidable?

actividad: Nuestro plan de juego

Trabaja con tu hijo para crear un plan semanal de tiempo de juego. Enumeren juntos las actividades que ambos disfrutan, como construir fuertes, jugar juegos de mesa o emprender aventuras imaginarias. Deja que tu hijo decore el plan con dibujos o calcomanías para hacerlo especial. Cada día, elijan una actividad de la lista en la que concentrarse.

Cuelga su plan de juego en un lugar visible, como en el refrigerador, para que ambos tengan algo que esperar cada día. Este plan ayuda a asegurar que dediques tiempo a jugar cada día y le hace saber a tu hijo que su felicidad y diversión son una prioridad.

Frases sobre el tiempo de calidad

- «La mejor inversión que podemos hacer es en el tiempo que pasamos con nuestros hijos».

- «Al final, los niños no recordarán las cosas que les compramos, sino el tiempo que pasamos con ellos».

- «Cada momento que pasamos con nuestros hijos es un regalo que crea recuerdos para toda la vida».

- «Nuestros hijos necesitan nuestra presencia más que regalos».

- «El tiempo que pasamos con nuestros hijos nunca es tiempo perdido; es una inversión en su futuro».

- «La calidad del tiempo que pasamos con nuestros hijos es más importante que la cantidad».

- «El regalo más preciado que podemos darles es nuestro tiempo y nuestra atención».

- «El tiempo que pasamos con nuestros hijos fortalece nuestro vínculo y construye una base de confianza y amor».

- «Como padres, nuestro trabajo más importante es estar ahí para nuestros hijos, pase lo que pase».

Reflexiones finales

Por supuesto, la crianza de los hijos es agotadora y desafiante a veces, pero recuerda que los niños crecen rápido. En un momento están comenzando la secundaria y al siguiente se gradúan de la preparatoria. Antes de que te des cuenta, los estás llevando a la universidad. Para entonces, es demasiado tarde para arrepentirte de no haber pasado más tiempo jugando con ellos cuando eran pequeños. Ahora, mientras tienes la oportunidad, dedícate de corazón a jugar con tus hijos. Incluso si solo dedicas de 10 a 15 minutos al día a jugar, esos momentos de alegría y compromiso genuino permanecerán con ellos, llenando sus recuerdos de felicidad y amor.

CAPÍTULO 14

CONSECUENCIAS JUSTAS

«Las consecuencias justas enseñan a los niños responsabilidad y respeto sin quebrantar su espíritu». —Anónimo

Si un castigo es demasiado largo o muy duro, me siento desanimado y me dan ganas de rendirme. Si olvido guardar mis juguetes una vez, por favor, no me los quites durante todo un mes. Si es solo por unos días, lo entenderé mejor y haré mi mejor esfuerzo la próxima vez.

Es importante ser razonable cuando se trata de disciplina. Las consecuencias justas deben corresponder al comportamiento y ser manejables para tu hijo. En este capítulo, exploraremos cómo ayudarlos a aprender de sus errores sin causar resentimiento o resistencia.

Establecer consecuencias razonables

Cuando un niño comete un error, es fácil que los padres reaccionen impulsivamente con la primera consecuencia que se les ocurre. Pero si dejas que la ira guíe tu decisión, es más probable que la disciplina no sea efectiva y que cause resistencia en lugar de aprendizaje. Piensa en tus reacciones: si tu hijo rompe un portarretratos mientras juega, ¿cómo reaccionas? ¿Respiras hondo y lo piensas bien, o automáticamente gritas y los castigas? Este capítulo te anima a reconsiderar tus criterios para disciplinar a tu hijo.

¿Cuánto debe durar un castigo?

Cuando los niños se portan mal, necesitan consecuencias que puedan seguir de manera realista sin sentirse tratados injustamente. Los castigos que son demasiado severos o duran demasiado tiempo pueden ser contraproducentes. Como se dice, el castigo debe ajustarse al delito o, en este caso, al mal comportamiento.

Ejemplo: Tu hijo se niega a llevar casco cuando va en bici. Decides prohibirle que monte en bici durante un mes. Aunque esta consecuencia está relacionada con su comportamiento, es excesivamente dura y puede generar sentimientos negativos. En lugar de eso, considera una duración más razonable, como restringirle la bici durante una semana. Esta duración más corta sigue enviando un mensaje claro sobre la importancia de la seguridad sin hacer que tu hijo se sienta castigado de forma irrazonable.

Consejo práctico: Haz que la duración de la consecuencia siempre sea proporcional a la gravedad del comportamiento. Ten en cuenta la edad de tu hijo y su capacidad para comprender la lección que le estás enseñando. Este enfoque le ayudará a entender la conexión entre sus acciones y las consecuencias.

Conectar acciones y consecuencias

Igualmente importante es asegurar que la consecuencia esté directamente relacionada con el comportamiento. Los castigos no relacionados pueden confundir a tu hijo y no enseñarle la lección deseada.

Ejemplo: Tu hijo se rehúsa a usar su casco de bicicleta y tu reaccionas quitándole su tableta por una semana. Este castigo está totalmente desconectado de su mal comportamiento original. En su lugar, relaciona la consecuencia con la acción específica. En este caso, una consecuencia adecuada sería «no andar en bicicleta por una semana». De esta manera, diriges el castigo al tema de la seguridad, dejando claro a tu hijo por qué su comportamiento fue problemático.

Consejo práctico: Antes de decidir una consecuencia, asegúrate de que sea lógica y esté directamente relacionada con el mal comportamiento. Esto ayuda a tu hijo a comprender la conexión entre sus acciones y el resultado, lo que hace más probable que obedezca y aprenda de la situación.

Capítulo 14: Consecuencias Justas / 155

 La Historia De Hassan Y Amir

Cada noche, Hassan y su hijo Amir tenían la misma batalla: recoger los juguetes antes de dormir. A Amir le encantaba jugar hasta tarde y, cuando su padre le pedía que guardara sus cosas, se negaba. Frustrado, Hassan reaccionaba con castigos drásticos, como cancelar las excursiones del fin de semana. Pero en lugar de mejorar, Amir se enojaba más y rompía las reglas a propósito, sintiéndose cada vez más frustrado.

Una noche, la misma discusión se repitió. Cansado, Hassan reaccionó impulsivamente y le dijo a Amir: «Si no guardas tus juguetes, no irás al parque este fin de semana». Sin embargo, esta vez Amir, sin inmutarse, respondió: «Anoche también me quitaste el parque, papá. ¿Cuál es la diferencia? Igual jugaré con mis juguetes en casa». En ese momento, Hassan se dio cuenta de que los castigos drásticos no estaban funcionando. Amir no solo se había vuelto indiferente a las consecuencias, sino que además ya no veía la conexión entre su comportamiento y el castigo.

Decidido a cambiar su enfoque, Hassan optó por una estrategia diferente. En lugar de cancelar salidas por completo, estableció una nueva regla clara y relacionada con la acción: «Si no guardas tus juguetes antes de acostarte, no podrás jugar con ellos al día siguiente». Esta vez, la consecuencia tenía sentido y estaba directamente conectada con el comportamiento de Amir.

La noche siguiente, Amir volvió a dejar sus juguetes afuera, pero esta vez Hassan hizo cumplir la regla con calma. Amir se sintió decepcionado, pero al ver que su padre se mantenía firme y justo, aceptó la consecuencia sin resistencia. Con el tiempo, empezó a recoger sus juguetes por iniciativa propia, comprendiendo la relación entre sus acciones y sus consecuencias. También descubrió que su habitación ordenada le permitía encontrar sus juguetes más rápido, lo que reforzó la lección. Al ver que la disciplina de su padre era consistente y justa, su relación se fortaleció.

Cómo enseñar a través de las consecuencias

Hazla corta y manejable

Un castigo largo y severo solo hará que tu hijo se sienta frustrado y derrotado. Imagínate cómo te sentirías si te quitaran algo que amas durante semanas. En lugar de enseñar, un castigo demasiado largo puede generar resentimiento. Las duraciones más cortas mantienen el impacto de la lección sin abrumar o desanimar a tu pequeño, así que mantén las consecuencias cortas y consistentes para obtener los resultados más efectivos.

Ejemplo: Tu hijo se niega a hacer las tareas y, en lugar de eso, ve videos en su tableta. Consideras quitarle la tableta durante tres semanas, pero finalmente decides limitarlo a unos días. Tu hijo puede ver el final del castigo a la vista y se siente motivado para mejorar su comportamiento.

Explica claramente

Asegúrate de que tu hijo entienda por qué está siendo disciplinado. Las explicaciones claras les ayudan a relacionar su comportamiento con las consecuencias. Cuando los niños ven la razón detrás de las reglas y las consecuencias, es más probable que cooperen. Es como conectar los puntos para ellos, haciendo que la lección sea más significativa.

Ejemplo: Tu hijo no limpia sus materiales de arte cuando se lo pides. Tú le dices: «*Necesitamos limpiar los materiales de arte después de usarlos porque un espacio ordenado es seguro y agradable para todos. Si no se guardan, no podremos jugar con ellos mañana*».

La consistencia es la clave

Apégate a las reglas que establezcas. Las consecuencias consistentes ayudan a los niños a entender lo que se espera de ellos y a confiar en tus palabras.

Ejemplo: Tienes una regla en casa sobre completar la tarea antes de permitir el tiempo de pantalla, y la haces cumplir todos los días. La consistencia ayuda a tu hijo a aprender lo que se espera de él, creando un ambiente estable en el que se sienta seguro. Sabe que haces lo que dices, lo que le da una sensación de confiabilidad.

Tiempo De Calma

Reflexionando sobre el pasado y el presente

1. Piensa en cuando eras niño. ¿Hubo algún castigo que te pareciera injusto? ¿Cómo te afectó?

2. Recuerda una ocasión reciente en la que le impusiste una consecuencia a tu hijo. ¿Fue justa y relacionada con lo que hizo? ¿Cómo reaccionó tu hijo? ¿Le ayudó a aprender de su error?

anificar consecuencias justas

1. Enumera algunos malos comportamientos comunes en tu hogar. ¿Qué consecuencias justas puedes establecer para cada uno?

2. ¿Cómo puedes explicarle claramente a tu hijo por qué está recibiendo una consecuencia específica?

Entender el impacto

1. Después de que le impones una consecuencia, ¿cómo suele responder tu hijo? ¿Entiende por qué está sucediendo, o parece confundido y molesto?

2. ¿Has notado alguna diferencia en el comportamiento de tu hijo cuando utilizas consecuencias justas en lugar de otras más duras? ¿Cuáles son esas diferencias?

Capítulo 14: Consecuencias Justas / 159

actividad: Tarjetas de "Causa y Efecto"

Siéntate con tu hijo y hagan juntos un juego de tarjetas. En un lado de cada tarjeta, escribe un posible mal comportamiento, como «*No guardar los juguetes*». En el otro lado de la tarjeta, escribe la consecuencia del comportamiento, como «*No juguetes al día siguiente*».

Una vez que hayas hecho tus tarjetas, repásalas con tu hijo. Habla sobre por qué la consecuencia de cada acción tiene sentido. Por ejemplo, si no guardan sus juguetes, no podrán jugar con ellos al día siguiente porque es importante mantener un hogar ordenado.

He aquí algunos ejemplos de tarjetas de "Causa y efecto":

Tarjeta 1:

- **Lado frontal (Causa):** «Dejar los materiales de arte fuera después de usarlos».

- **Lado posterior (Efecto):** «*Mañana no hay material de arte*».

Tarjeta 2:

- **Lado frontal (Causa):** «No terminar las tareas».

- **Lado posterior (Efecto):** *«No hay televisión hasta que termines tu tarea».*

Tarjeta 3:

- **Lado frontal (Causa):** "Negarse a compartir la tableta con un hermano".

- **Lado posterior (Efecto):** *«Nada de pantallas durante el resto del día».*

Tarjeta 4:

- **Lado frontal (Causa):** «Contestarle a los padres».

- **Lado posterior (Efecto):** *«No hay reunión de juegos este fin de semana».*

Tarjeta 5:

- **Lado frontal (Causa):** «Comer alimentos chatarra justo antes de cenar».

- **Lado posterior (Efecto):** *«Al día siguiente, nada de comida rápida».*

Esta actividad ayuda a tu hijo a ver cómo sus acciones tienen consecuencias. Al hacer las tarjetas juntos, tu hijo comprenderá mejor las reglas y sentirá que forma parte del proceso. Además, ¡es una forma divertida de aprender lecciones importantes sobre la responsabilidad!

Reflexiones finales

Cuando se trata de disciplina, ser justo y razonable es clave. Cuando estamos enojados, es fácil imponer castigos que son demasiado duros y parecen injustos. Si los niños piensan que un castigo es injusto, no aprenderán de él. Piensa siempre en por qué estás imponiendo un castigo y asegúrate de que la severidad sea acorde con la ofensa. De esta manera, respetas a tu hijo mientras le enseñas una valiosa lección.

CAPÍTULO 15

PROBLEMAS CON EL TIEMPO DE PANTALLA

«La tecnología es un sirviente útil, pero un amo peligroso»
— Christian Lous Lange

No me grites ni me quites la tableta de repente cuando paso mucho tiempo usándola. ¡Es muy frustrante, sobre todo si estoy a punto de ganar un juego! Si primero me avisas con calma, lo entenderé mejor. A veces me cuesta apagarla, pero lo haré si veo que tú también respetas los tiempos de descanso de las pantallas.

Manejar el tiempo frente a la pantalla puede ser un desafío. En este capítulo, exploraremos estrategias efectivas para lograr un equilibrio: que tu hijo disfrute la tecnología sin que esta se convierta en un obstáculo para el juego, la socialización y el tiempo en familia. Con reglas claras y recordatorios amables, puedes ayudar a tu hijo a desarrollar hábitos saludables sin convertir la pantalla en un campo de batalla. Al establecer límites claros y usar recordatorios suaves, puedes ayudar a tu hijo a desarrollar hábitos saludables frente a la pantalla sin ningún conflicto.

Entender el problema

Hoy en día, tanto niños como adultos luchan por controlar el tiempo que pasan frente a una pantalla. Los niños se sienten atraídos de forma natural por los colores brillantes, los sonidos y las recompensas instantáneas que proporcionan las pantallas, lo que les facilita engancharse. La adicción al tiempo de pantalla no es solo un inconveniente menor; puede tener consecuencias graves como la alteración de los patrones de sueño, la reducción de la actividad física y el deterioro de las habilidades sociales. El rendimiento de los niños en la escuela también puede verse afectado cuando anteponen el tiempo de pantalla a los deberes y al estudio. Las pantallas proporcionan una estimulación casi constante, lo que puede acortar la capacidad de atención de los niños y hacer que manejar el aburrimiento sea una lucha.

No todo el contenido en línea es apropiado o beneficioso, por lo que es importante estar al tanto de lo que tu hijo ve en sus dispositivos. Las redes sociales están llenas de estándares poco realistas y pueden ser un refugio para el ciberacoso, y ciertos juegos y videos pueden promover la violencia o comportamientos poco saludables.

Como padres, nuestro papel es modelar un uso saludable de la tecnología y guiar a nuestros hijos para que encuentren un equilibrio. Comprender estos problemas puede ayudarnos a tomar decisiones informadas sobre el establecimiento de límites y alentar las diversas actividades que una infancia sana necesita. Analicemos algunos pasos proactivos para mitigar los riesgos del tiempo de pantalla.

Cómo evitar el uso excesivo de dispositivos electrónicos

Teléfonos, tabletas, consolas de juegos... ¡Dios mío! Con todos los dispositivos electrónicos disponibles en la actualidad, a un niño—o a un adulto—no le cuesta mucho pasar demasiado tiempo frente a una pantalla. Prohibir por completo los dispositivos e Internet no es una solución realista para la mayoría de las familias, por lo que debemos promover un estilo de vida equilibrado guiando a nuestros hijos en el desarrollo de hábitos saludables frente a las pantallas. A continuación, te ofrecemos algunos consejos prácticos para lograrlo.

Establecer reglas claras

Establecer límites y reglas consistentes en torno al tiempo de pantalla puede ser más fácil de decir que de hacer. Imagínate esto: el tiempo de pantalla se ha acabado, pero tu pequeño no está dispuesto a renunciar al teléfono. Ahora te preguntas si debes quitárselo de las manos a tu hijo que grita o si debes ceder y dejar que siga mirando. ¿Te suena familiar? Tal y como comentamos en el capítulo 10, la clave para establecer reglas eficaces es involucrar a tu hijo. Si los niños participan en la creación de las reglas, es más probable que las cumplan. Establezcan juntos límites de tiempo razonables, como una hora entre semana y dos horas los fines de semana. Explícales por qué estos límites son importantes y cómo un uso equilibrado de la pantalla les permite disfrutar otras actividades. Habla sobre por qué estas reglas son importantes y asegúrate de que tu hijo entienda la importancia de llenar su día con una variedad de actividades. Cuando tienen algo que decir y entienden por qué se necesita la regla, es menos probable que se resistan cuando se les recuerda que deben apegarse a ella.

Recordatorios amables

En lugar de gritarles para que guarden la tableta o arrebatársela de las manos, recuérdales amablemente cuando se acerque el final del tiempo de pantalla. Avísale a tu hijo diciendo algo como: *«Tienes diez minutos más para jugar y luego es hora de apagar la tableta»*. Si se resiste o te responde, puedes continuar diciendo: *«Recuerda, si no sigues la regla, acordamos que mañana no habrá tiempo de tableta»*. Esto respeta su necesidad de tiempo de transición al tiempo que destaca la importancia de apegarse a las reglas, lo que los hace más propensos a cooperar.

Fomentar actividades alternativas

Los padres ocupados y agotados a menudo se ven tentados a decirles a los niños que jueguen solos, lo que hace que se aburran rápidamente y empiecen a suplicar por la televisión o la tableta. Puedes evitarlo involucrando a tu hijo en actividades que fomenten de forma natural aficiones como la lectura, los deportes o las manualidades. Las bibliotecas y centros comunitarios locales también pueden ser grandes recursos; a menudo ofrecen clases gratuitas para niños, así que explora estos recursos y aprovéchalos. Cuando le presentes a tu hijo aficiones divertidas e interactivas que lo mantengan entretenido, reducirás su dependencia de las pantallas.

La consistencia es la clave

A lo largo de este libro, hemos aprendido sobre la importancia de la consistencia. Aun así, puede ser fácil encontrar excusas para no apegarse a las pautas que establecemos, especialmente durante momentos difíciles. Esto podría ser dejar que tu hijo use la tableta un poco más de lo habitual mientras terminas de cenar con invitados o para mantenerlos ocupados mientras compras en el supermercado. Claro, es necesaria cierta flexibilidad dependiendo de la situación, pero saltarse las reglas consistentemente puede enviar mensajes contradictorios. Quizá le devuelves el teléfono cada vez que tu hijo hace una rabieta; esto puede enseñarle que portarse mal le dará lo que quiere. Establecer reglas es importante, pero apegarse a ellas es aún más crucial. Cuando mantienes la consistencia, tu pequeño aprenderá a entender y respetar los límites.

Predicar con el ejemplo

Sé un ejemplo en lo que respecta al tiempo de pantalla. Recuerda: *"lo que el mono ve, el mono hace"*: los niños imitan los comportamientos que observan. Cuando le dices a tu hijo que lea un libro mientras tus propios ojos están pegados al teléfono, tus palabras pierden impacto. Modela tus propios hábitos equilibrados de pantalla, apegándote a los límites de tiempo y guardando los dispositivos mientras pasan tiempo juntos. Muéstrales que otras actividades, como leer o jugar al aire libre, son valiosas y agradables. Tu comportamiento saludable guiará a tu hijo hacia hábitos más saludables de tiempo de pantalla por sí mismo.

Cómo ganar tiempo frente a la pantalla

Manejar el tiempo de pantalla puede ser un verdadero desafío, pero una forma de hacérselo más fácil a tu hijo es hacer que se gane su tiempo de pantalla. Cuando tienen un papel activo en la decisión de cuánto tiempo de pantalla tienen, les ayuda a establecer límites personales y les anima a participar en otras actividades importantes. Es un sistema sencillo que enseña responsabilidad y equilibrio, lo que puede suponer una gran diferencia en su rutina diaria.

Por qué funciona: Cuando los niños sienten que tienen cierto control sobre su tiempo de pantalla, se motivan más para completar otras tareas. Este método les ayuda a entender que el tiempo de pantalla es una recompensa por sus esfuerzos, no un derecho automático. También les hace más conscientes de cómo pasan su tiempo, alentándoles a una mezcla saludable de actividades.

Cómo establecerlo:

- **Tareas claras y sencillas:** Empieza eligiendo algunas tareas que tu hijo pueda hacer para ganar tiempo de pantalla. Podrían ser cosas como hacer sus tareas, ayudar con los quehaceres o pasar tiempo jugando al aire libre. Por ejemplo,

«Termina tus tareas sin que te lo recordemos y podrás ganar treinta minutos de tiempo de pantalla».

- **Crea un gráfico:** Haz una tabla sencilla que tu hijo pueda usar para llevar un registro de las tareas que ha completado. Cada vez que termine una tarea, ganará una calcomanía o un punto, que puede canjear por tiempo de pantalla. Coloca la tabla en un lugar visible, como en el refrigerador, para que pueda ver su progreso y mantenerse motivado.

- **Anima a realizar actividades sin pantalla:** Recompensa actividades que no impliquen pantallas, como leer un libro, jugar con juguetes o hacer algo creativo. Aquí tienes un ejemplo: *«Pasa treinta minutos leyendo y podrás ganar quince minutos de tiempo de pantalla».*

- **Establece límites:** Incluso con este sistema, no descartes los límites de tiempo de pantalla. Pon un límite a la cantidad de tiempo de pantalla que tu hijo puede ganar en un día o una semana, y asegúrate de que sea consciente del límite. Aunque se lo haya ganado, no querrás que tu pequeño pase demasiado tiempo frente a una pantalla.

- **Refuerzo positivo:** Elogia a tu hijo cuando siga el sistema. Un simple *«¡Buen trabajo ganándote el tiempo de pantalla hoy!»* puede ser de gran ayuda. Este comentario positivo le animará a seguir trabajando así.

Cómo hacer que funcione: Involucra a tu hijo en el proceso a la hora de establecer un sistema para ganar tiempo de pantalla. Deja que te ayude a decidir qué tareas le harán ganar tiempo de pantalla y cuánto vale cada tarea. De esta manera, se sentirá más involucrado y será más probable que se apegue a ello.

La Historia De Jennifer

Jennifer, una madre trabajadora, solía depender de las pantallas para entretener a sus hijos. Después de un largo día de trabajo, les daba sus tabletas o encendía la televisión para poder relajarse mientras cocinaba. Lo que comenzó como un momento de paz rápidamente se convirtió en más estrés: sus hijos hacían rabietas cuando les quitaba las pantallas y se negaban a apagarlas para cenar.

Un día, Jennifer leyó un artículo sobre los efectos del tiempo de pantalla sin restricciones. Al analizar su situación, se dio cuenta de que las rabietas y la resistencia de sus hijos probablemente estaban relacionadas con sus hábitos digitales. Decidió probar un nuevo enfoque basado en las recomendaciones del artículo.

Comenzó a ofrecerles opciones: podían ver televisión o usar sus tabletas durante 45 minutos mientras ella cocinaba, o elegir una actividad diferente, como jugar con juguetes o colorear. Si elegían la pantalla, Jennifer ponía un temporizador y les recordaba amablemente cuando el tiempo estaba por terminar.

Al principio, sus hijos protestaron porque sentían que el tiempo era demasiado corto. Sin embargo, Jennifer se mantuvo firme y consistente. Les explicó con calma por qué las nuevas reglas eran importantes y, poco a poco, ellos comenzaron a adaptarse. Se acostumbraron al temporizador y aprendieron a anticipar el momento en que se apagaría, lo que hizo que la transición a la cena fuera mucho más tranquila.

La clave para Jennifer fue la **consistencia**. Hubo momentos en los que dudó y cedió, permitiéndoles más tiempo de pantalla, lo que solo generó más confusión y resistencia. Pero cuando se mantuvo firme con las reglas, sus hijos se adaptaron y encontraron otras formas de entretenerse. También notó que involucrarlos en pequeñas tareas, como ayudar a poner la mesa, los hacía sentirse más responsables y menos enfocados en las pantallas.

Esta nueva estructura redujo las luchas de poder y trajo más calma al hogar. Las tardes de Jennifer se volvieron más relajadas, y sus hijos aprendieron a gestionar mejor su tiempo de pantalla. Involucrarlos en pequeñas tareas, como poner la mesa, los ayudó a sentirse más comprometidos y menos dependientes de la tecnología.

Tiempo De Calma

Reflexionando sobre el pasado y el presente

1. Cuando eras pequeño, ¿tenías tiempo de pantalla de televisión? ¿Cuántas horas te permitían ver al día? ¿Cómo reaccionaban tus padres cuando veías más de lo permitido?

2. ¿Cómo crees que tus hábitos de tiempo de pantalla en la infancia influyen en cómo manejas el tiempo de pantalla de tu hijo ahora?

3. Recuerda un conflicto reciente relacionado con el tiempo de pantalla. ¿Cómo lo manejaste y qué podrías hacer de manera diferente la próxima vez?

Planificar el tiempo de pantalla

1. Según la edad de tu hijo, ¿cuáles son los límites razonables de tiempo de pantalla diario y semanal? ¿Cómo le explicarás estos límites a tu hijo?

2. ¿Cómo puedes utilizar recordatorios amables para ayudar a tu hijo a pasar del tiempo frente a la pantalla a otra actividad?

3. Identifica actividades alternativas que le gusten a tu hijo. ¿Cómo puedes animarle a hacer estas actividades más a menudo?

Fomentar hábitos saludables

1. ¿Cómo puedes asegurar que las reglas de tiempo de pantalla sean consistentes y claras para tu hijo?
2. Piensa en un momento en el que hayas manejado con éxito el tiempo de pantalla sin conflictos. ¿Qué estrategias funcionaron bien?

actividad 1: Diversión sin pantallas

Tomémonos un descanso de las pantallas y probemos algunas actividades divertidas que tú y tu hijo pueden hacer juntos:

Jugar en interiores

- **Da rienda suelta a tu creatividad:** Toma papel y lápices de colores, marcadores o pintura, y deja volar la imaginación de tu hijo y la tuya. Ya sea dibujando o haciendo manualidades, es una forma estupenda de crear vínculos y despertar la creatividad.

- **Rincón de lectura:** Prepara un lugar acogedor donde tú y tu hijo puedan sumergirse en un buen libro. Esta es una forma sencilla de fomentar su amor por la lectura.

- **Tiempo de juego en familia:** Saca un juego de mesa o un rompecabezas y disfruta de un rato en familia sin pantallas. ¡Perfecto para aprender y reír juntos!

Actividades al aire libre

- **Dar un paseo:** Salgan a caminar por el parque o por tu propio vecindario. Es una buena manera de tomar aire fresco y disfrutar del paisaje.

- **Ponerse en acción:** Pateen una pelota, jueguen a atraparla o hagan una carrera. ¡Jugar al aire libre es muy bueno para la salud de los niños y también muy divertido!

- **Empezar un jardín:** Planten algunas flores o verduras juntos y disfruten de la recompensa de ver crecer su arduo trabajo.

Haz un seguimiento con una divertida tabla

- **Haz un gráfico:** Crea un gráfico sencillo para hacer un seguimiento de todas las actividades que tu hijo realiza sin pantalla. Deja que añada una calcomanía o una marca cada vez que complete una actividad. Es una forma divertida de mantenerlos motivados y estar orgullosos de sus esfuerzos.

Crea un gráfico de «*Gana tu tiempo de pantalla*» con tu hijo. Elijan juntos algunas tareas que puedan hacer para ganar tiempo de pantalla, como terminar las tareas escolares, leer o ayudar con los quehaceres domésticos. Por cada tarea que completen, deja que añadan una calcomanía o una marca en el gráfico. Una vez que alcancen un cierto número, podrán disfrutar de su tiempo de pantalla durante el día.

Esta actividad hace que el tiempo de pantalla sea divertido y ayuda a tu hijo a aprender sobre el equilibrio y la responsabilidad. Es una forma sencilla de fomentar hábitos saludables y mostrarles cómo combinar el tiempo de pantalla con otras actividades importantes.

Reflexiones finales

La meta de controlar el tiempo de pantalla no debe ser prohibir los dispositivos, sino enseñar a tu hijo a usarlos de manera responsable. Como todas las cosas en la vida, se trata de lograr un equilibrio. Puedes ayudarlos a desarrollar hábitos saludables de pantalla estableciendo reglas claras, dando recordatorios amables y ofreciendo actividades alternativas atractivas y diversas. Habla con tu pequeño y decidan juntos las horas de tiempo de pantalla; será más probable que cooperen si tienen algo que decir y entienden las razones detrás de las reglas.

REFLEXIÓN

Ahora que llegamos a las últimas páginas de Una Carta de Tu Hijo, es el momento de reflexionar sobre las estrategias y herramientas prácticas que hemos reunido a lo largo del camino. La crianza de los hijos es un viaje en constante evolución y, aunque no existe una hoja de ruta perfecta, tener una caja de herramientas sólida puede ayudarnos a navegar por los altibajos.

A lo largo de este libro, hemos explorado ideas y métodos que pueden profundizar tu conexión con tu hijo y, al mismo tiempo, apoyar su desarrollo emocional. Aquí tienes un recordatorio rápido de las herramientas esenciales que ahora tienes a tu alcance:

- **Herramientas para escuchar y comunicarse**

  La escucha activa da lugar a conversaciones significativas. Al participar en el mundo de tu hijo, generas confianza y comprensión. Sigue haciendo preguntas abiertas y ofreciendo toda tu atención durante esos momentos especiales.

- **Herramientas para una disciplina amable**

  Has aprendido el valor de establecer consecuencias justas y manejables y de abordar la disciplina con calma. Esto no solo ayuda a tu hijo a aprender de sus errores, sino que también lo alienta a crecer con confianza.

- **Herramientas para manejar el tiempo de pantalla**

    Equilibrar el tiempo de pantalla puede ser un reto, pero con límites claros, recordatorios suaves y alternativas atractivas, puedes guiar a tu hijo hacia hábitos más saludables sin esfuerzo.

- **Herramientas de juego y tiempo de calidad**

    El juego es el lenguaje de los niños. Incluso unos pocos minutos de atención exclusiva pueden hacer maravillas en tu relación. Dejar que tu hijo dirija el juego le muestra que aprecias estos momentos juntos.

- **Herramientas para cumplir promesas**

    Tus palabras y acciones son importantes. Al cumplir tus promesas, por pequeñas que sean, refuerzas la base de confianza en la que se apoya tu hijo.

A medida que avances, piensa en estas herramientas como peldaños hacia una experiencia de crianza más conectada, tranquila y alegre. Cada día presenta nuevas oportunidades para practicar, crecer y mejorar.

CONCLUSIÓN

Emprendamos juntos el viaje

Estimados padres:

Felicidades por emprender este viaje conmigo a través de «Una Carta de Tu Hijo». Espero que estas páginas te hayan ofrecido una nueva perspectiva sobre el increíble papel que desempeñas en la vida de tu hijo.

Recuerda, la paternidad no se trata de la perfección, sino de la conexión, la comprensión y el amor. Aprovecha cada momento, con sus altibajos, como una oportunidad de crecimiento tanto para ti como para tu hijo.

Prometamos celebrar las peculiaridades de nuestros hijos, ofrecerles amor incondicional y ver el mundo a través de sus ojos curiosos. Juntos, eduquemos a futuros adultos empáticos, resilientes y rebosantes de autoestima.

Brindemos por cada momento hermoso, desordenado y milagroso de la paternidad. Hagamos de este viaje una aventura sincera: una mirada amorosa, una palabra de ánimo, un abrazo cálido a la vez.

Seamos su apoyo inquebrantable en los momentos que lo necesiten y, lo más importante, seamos su fuente constante e inquebrantable de amor.

La paternidad es la sinfonía más profunda que jamás compondremos. Hagamos de ella una obra maestra llena de armonía, amor y resiliencia. Juntos, creemos un mundo en el que nuestros hijos se sientan vistos, escuchados y profundamente queridos.

Gracias por embarcarte en este viaje conmigo. Sigamos haciendo música hermosa, una nota sincera a la vez.

Con amor y calidez,
Carrie Khang

¿Hubo algo en este libro que se quedó contigo?

Si alguna parte te hizo reflexionar, te dio aliento, o cambió algo en tu forma de ser mamá o papá… me encantaría saberlo.

Tus palabras importan—no solo para mí, sino para otra persona que tal vez necesita leer justo eso.

Si lo sientes, deja una reseña. Gracias por ser parte de este camino.

Agradezco tu ayuda.

RECURSOS

1. **The Junior School**, "La importancia de los límites." *ESMS*, December 2021. https://www.esms.org.uk/news/importance-boundaries

2. **Prabha, S. Divya.** "¿Regañar a su hijo para disciplinarlo? Padres, conozcan sus límites." *Parent Circle*. https://www.parentcircle.com/effects-of-parents-scolding-a-child/article

3. **Wolf, Jennifer.** "Por qué avergonzar a tus hijos no es una disciplina eficaz." *Verywell Family*, January 2022. https://www.verywellfamily.com/why-you-shouldnt-shame-your-children-4089277

4. **Jensen, Alexander C., and Susan M. McHale.** "¿Qué diferencia a los hermanos? El desarrollo de las diferencias entre hermanos en cuanto a rendimiento académico e intereses." *Journal of Family Psychology*, 29, no. 3 (2015): 469–478. https://willingness.com.mt/the-effects-of-comparing-siblings/

www.ingramcontent.com/pod-product-compliance
Lightning Source LLC
Chambersburg PA
CBHW020248010526
44107CB00002B/147